元史纪事本末

〔明〕陈邦瞻 撰 王树民 点校

中华书局

图书在版编目(CIP)数据

元史纪事本末/(明)陈邦瞻撰;王树民点校. —北京:中华书局,2018.5(2025.4重印)
(历代纪事本末)
ISBN 978-7-101-13106-2

Ⅰ.元… Ⅱ.①陈…②王… Ⅲ.中国历史-元代-纪事本末体 Ⅳ.K247.044

中国版本图书馆 CIP 数据核字(2018)第 041142 号

书 名	元史纪事本末
撰 者	〔明〕陈邦瞻
点 校 者	王树民
丛 书 名	历代纪事本末
责任编辑	许 桁
封面设计	刘 丽
责任印制	陈丽娜
出版发行	中华书局
	(北京市丰台区太平桥西里 38 号 100073)
	http://www.zhbc.com.cn
	E-mail:zhbc@zhbc.com.cn
印 刷	三河市鑫金马印装有限公司
版 次	2018 年 5 月第 1 版
	2025 年 4 月第 4 次印刷
规 格	开本/850×1168 毫米 1/32
	印张 7⅝ 插页 2 字数 139 千字
印 数	4801-5300 册
国际书号	ISBN 978-7-101-13106-2
定 价	34.00 元

出版说明

　　《元史纪事本末》二十七篇，成书于明万历三十四年（一六〇六），是陈邦瞻继《宋史纪事本末》而编写的另一部以事件为中心的史书。其中《律令之定》一篇为臧懋循补撰。

　　明代士大夫，为了从地主阶级的立场总结历史经验，比较重视和他们时代相近的宋元两朝历史。由于明朝的政治形势和统治阶级的处境，与宋朝更多近似之处，所以陈邦瞻的两部史书，立场观点虽然一致，而言宋事较详，对于元代历史，只着重记述关系到统治阶级成败的事件和制度。兼以编者将宋亡之前的元代史事归入宋编，明朝建立之后的事迹，则又认为应属明史范围，以致本书的叙事过于简略。这是《元史纪事本末》在编写方面的一个重要缺点。

　　史实考证及史料处理不够精当，是本书编写上的另一问题。如卷十三，"泰定三年四月，修夏津、阳武河堤三十三所。"此文出于《元史》卷三○《泰定帝纪》，原无"阳"字，"武"字上下当有脱文。在元代，夏津去黄河甚远，所修者当非黄河堤，而所书地名应去夏津不远，阳武的地理条件不合，可知"阳"字为妄补。又如卷二十二，至顺二年记皇子古纳答剌，三年又作燕帖古思，原来中间已经改名，本书失于记载，读者无从知其原为一人。又扩廓帖木儿退出太原后，仍追随元帝于大漠南北，曾大败明兵于和林，洪武八年（一三七五）卒于塞外。明太祖很慨叹地说："王保保（扩廓的本名）真奇男子，吾不得而臣！"命纳其妹为秦王朱樉之妃，事迹甚为明白。而陈书认为"后不知所终"（卷二十七），未免轻率。

本书叙事虽有缺略和错误，但对于元代政治、经济上的一些重要事件，特别是与明代有关联的问题，尚能扼要明确地加以介绍。如明代士人最重视的科举考试与文武官级等，皆为元代所定；明代联系南北运输的大运河，及明代通用的历法，也都是承受于元代，这些方面书中都有较详细的记载。明代南北交通虽以运河为主，而海运也很受重视，这在书中也有所反映。此外全文收录了欧阳玄的《至正河防记》，这是我国水利史上一篇很重要的资料。又《律令之定》节录了郑介夫的上书，郑氏《元史》无传，其文流传较稀，而此篇颇能反映元代社会政治的实际情况。又如元世祖忽必烈，在位时间较长，他的政治措施，对于当时和后世的影响都很大，而本书二十七卷之中，直接叙述元世祖时期的史事竟达十六卷之多，关于元世祖统一以后的重要历史事件，已略具梗概。又如元代多宫廷政变，而佛教徒为害于人民者甚大，书中也都有扼要的记载。

《元史纪事本末》原编为六卷，由徐申、刘曰梧照《宋史纪事本末》版式刊行，并有徐氏与陈氏序文及凡例二条，其后多以二书合刻。黄吉士重刻本并为四卷。张溥附加史论于各篇之后，又分为二十七卷。以上各本皆刻于明末。清代以来，重刻者多用张溥本，以同治年间江西书局校刻的《五种纪事本末》本为最通行。这次校点整理，即以江西书局本为底本，并以徐、刘原刊本及薛应旂《宋元通鉴》《续通鉴纲目》《元史》等书互校，择善而从。校文只作文字方面的校补，史实方面有显著错误者，则在校记中附加说明，仍保持原书之本来面目。又为便于了解本书的编写和流传情况，选录了几篇有关文章，附于全书之后，藉供参考。

我们写成的校记，排在有关的文句之下。应补者，加方括号，字体同于正文。应删者，加圆括号，用小一号字排。须加说明者，亦用小一号字排于圆括号内。陈氏的原注，用小一号字排而不加括号。校记中于书名较长者采用略称，如《续资治通鉴纲目》简称《续纲目》，薛应旂《宋元通鉴》简称《薛鉴》等。引用各书都注明卷数，以便查核。编年体史书年代与本书相同，故从略，如有不同者则仍注明。分段基本上依照原书，间或有重为分合者，不另注明。在每段起始的年代之下，附加干支和公元纪年，以便于读者寻检。担任本书校点整理工作的为河北师范学院历史系王树民同志。

　　错误或不妥之处，希望读者批评指正。

　　　　　　　　　中华书局编辑部
　　　　　　　　　一九七八年十月

元史纪事本末

〔明〕陈邦瞻 撰　王树民 点校

中华书局

图书在版编目(CIP)数据

元史纪事本末/(明)陈邦瞻撰;王树民点校. —北京:中华书局,2018.5(2025.4重印)
(历代纪事本末)
ISBN 978-7-101-13106-2

Ⅰ.元… Ⅱ.①陈…②王… Ⅲ.中国历史-元代-纪事本末体 Ⅳ.K247.044

中国版本图书馆 CIP 数据核字(2018)第 041142 号

书　名	元史纪事本末
撰　者	〔明〕陈邦瞻
点校者	王树民
丛书名	历代纪事本末
责任编辑	许　桁
封面设计	刘　丽
责任印制	陈丽娜
出版发行	中华书局
	(北京市丰台区太平桥西里 38 号　100073)
	http://www.zhbc.com.cn
	E-mail:zhbc@zhbc.com.cn
印　刷	三河市鑫金马印装有限公司
版　次	2018 年 5 月第 1 版
	2025 年 4 月第 4 次印刷
规　格	开本/850×1168 毫米　1/32
	印张 7⅝　插页 2　字数 139 千字
印　数	4801-5300 册
国际书号	ISBN 978-7-101-13106-2
定　价	34.00 元

出版说明

　　《元史纪事本末》二十七篇，成书于明万历三十四年（一六〇六），是陈邦瞻继《宋史纪事本末》而编写的另一部以事件为中心的史书。其中《律令之定》一篇为臧懋循补撰。

　　明代士大夫，为了从地主阶级的立场总结历史经验，比较重视和他们时代相近的宋元两朝历史。由于明朝的政治形势和统治阶级的处境，与宋朝更多近似之处，所以陈邦瞻的两部史书，立场观点虽然一致，而言宋事较详，对于元代历史，只着重记述关系到统治阶级成败的事件和制度。兼以编者将宋亡之前的元代史事归入宋编，明朝建立之后的事迹，则又认为应属明史范围，以致本书的叙事过于简略。这是《元史纪事本末》在编写方面的一个重要缺点。

　　史实考证及史料处理不够精当，是本书编写上的另一问题。如卷十三，"泰定三年四月，修夏津、阳武河堤三十三所。"此文出于《元史》卷三〇《泰定帝纪》，原无"阳"字，"武"字上下当有脱文。在元代，夏津去黄河甚远，所修者当非黄河堤，而所书地名应去夏津不远，阳武的地理条件不合，可知"阳"字为妄补。又如卷二十二，至顺二年记皇子古纳答剌，三年又作燕帖古思，原来中间已经改名，本书失于记载，读者无从知其原为一人。又扩廓帖木儿退出太原后，仍追随元帝于大漠南北，曾大败明兵于和林，洪武八年（一三七五）卒于塞外。明太祖很慨叹地说："王保保（扩廓的本名）真奇男子，吾不得而臣！"命纳其妹为秦王朱樉之妃，事迹甚为明白。而陈书认为"后不知所终"（卷二十七），未免轻率。

本书叙事虽有缺略和错误，但对于元代政治、经济上的一些重要事件，特别是与明代有关联的问题，尚能扼要明确地加以介绍。如明代士人最重视的科举考试与文武官级等，皆为元代所定；明代联系南北运输的大运河，及明代通用的历法，也都是承受于元代，这些方面书中都有较详细的记载。明代南北交通虽以运河为主，而海运也很受重视，这在书中也有所反映。此外全文收录了欧阳玄的《至正河防记》，这是我国水利史上一篇很重要的资料。又《律令之定》节录了郑介夫的上书，郑氏《元史》无传，其文流传较稀，而此篇颇能反映元代社会政治的实际情况。又如元世祖忽必烈，在位时间较长，他的政治措施，对于当时和后世的影响都很大，而本书二十七卷之中，直接叙述元世祖时期的史事竟达十六卷之多，关于元世祖统一以后的重要历史事件，已略具梗概。又如元代多宫廷政变，而佛教徒为害于人民者甚大，书中也都有扼要的记载。

《元史纪事本末》原编为六卷，由徐申、刘曰梧照《宋史纪事本末》版式刊行，并有徐氏与陈氏序文及凡例二条，其后多以二书合刻。黄吉士重刻本并为四卷。张溥附加史论于各篇之后，又分为二十七卷。以上各本皆刻于明末。清代以来，重刻者多用张溥本，以同治年间江西书局校刻的《五种纪事本末》本为最通行。这次校点整理，即以江西书局本为底本，并以徐、刘原刊本及薛应旂《宋元通鉴》《续通鉴纲目》《元史》等书互校，择善而从。校文只作文字方面的校补，史实方面有显著错误者，则在校记中附加说明，仍保持原书之本来面目。又为便于了解本书的编写和流传情况，选录了几篇有关文章，附于全书之后，藉供参考。

我们写成的校记，排在有关的文句之下。应补者，加方括号，字体同于正文。应删者，加圆括号，用小一号字排。须加说明者，亦用小一号字排于圆括号内。陈氏的原注，用小一号字排而不加括号。校记中于书名较长者采用略称，如《续资治通鉴纲目》简称《续纲目》，薛应旂《宋元通鉴》简称《薛鉴》等。引用各书都注明卷数，以便查核。编年体史书年代与本书相同，故从略，如有不同者则仍注明。分段基本上依照原书，间或有重为分合者，不另注明。在每段起始的年代之下，附加干支和公元纪年，以便于读者寻检。担任本书校点整理工作的为河北师范学院历史系王树民同志。

错误或不妥之处，希望读者批评指正。

中华书局编辑部

一九七八年十月

元史纪事本末目录

附录五

元史纪事本末卷一

江南群盗之平

世祖至元十七年（庚辰、一二八〇）十二月，漳州民陈桂龙兵起，福建都元帅完者都等击走之。桂龙及其兄子陈吊眼有众数万，屯高安砦据之，朝廷命完者都及副帅高兴讨之。时建宁贼黄华，势尤猖獗，完者都先引兵压其境，华惊惧乞降，完者都奏以华为副元帅，凡军行悉以咨之。桂龙等乘高为险，人莫敢进，兴命人挟束薪，进至半山，弃薪走。如是六日，诱其矢石皆尽，乃爇薪焚（山）〔栅〕（据元史卷一六二高兴传、续纲目、薛鉴改），斩首二万级，桂龙遁走入畲洞。

十九年（壬午、一二八二）夏四月，陈桂龙降。初，桂龙既遁，陈吊眼犹拥众连五十余砦未下，高兴等击斩之，桂龙等遂帅其党来降。诏流桂龙于边地。

十二月，获福州叛贼林天成，戮于市。

二十年（癸未、一二八三）三月，广州新会林桂方、赵良铃等拥众万余，号罗平国，称延康年号。擒之。

九月，象山县海贼尤宗祖等聚众剽掠海上，合剌带等招降之，凡九千五百九十二人，海道以宁。

冬十月，建宁路总管黄华复反，聚众十万，号头陀军，称宋祥兴年号，破崇安、浦城诸县，复攻建宁。诏史弼等引兵急击之。华败走自焚，余党悉溃。

二十一年（甲申、一二八四）二月，漳州盗起，邕州、宾州、梧州、韶州、衡州民黄大成等相延为乱。命湖南宣慰使撒里蛮将兵讨之。

诏迁宋宗室及大臣之仕者于内地。时荆湖、闽、广之间，兵兴无宁岁，有言宋宗室居江南欲反者，遣使捕之。宿卫士阿鲁浑萨里曰："江南初下，民疑未附。宋宗室反，不闻郡县言，而信一人浮言捕击之，恐人人自危矣！"帝悟，召使者还，故有是诏。

十一月，江西行省参知政事月的迷失擒获海盗黎德，及招降余党百三十三人。即其地诛黎德，弟黎浩及伪招讨吴兴等槛送京师。

二十二年（乙酉、一二八五）二月，广东宣慰使月的迷失讨潮、惠二州盗郭逢贵等四十五寨，降民万余户，军三千六百一十人。请将所获逢贵等入觐，面陈事宜，诏许之。秋七月，至京师，言山寨降者百五十余所。帝问："战而后降耶？招之即降耶？"对曰："其首拒敌者，臣已磔之矣，是皆招降者也。"因言："前大兵后，未尝抚治其民，州县官复无至者，故盗贼各据土地，互相攻杀，人民渐耗。今宜择良吏往治。"从之。

二十三年（丙戌、一二八六）春正月，西川赵和尚自称宋福王子广王以诳民，谋作乱，伏诛。（按：正月条，元史卷一三世祖纪、薛鉴系于二十二年。）

八月，婺州永康县民陈巽四等谋反，伏诛。

〔二十四年〕（据元史卷一四世祖纪补）（丁亥、一二八七）十一月，诏议弭盗。桑哥、玉速帖木儿言："江南归附十年，盗贼迄今未清。宜降旨立限招捕，而以安集责州县之吏，其不能者黜之。"叶李言："臣在漳州十年，详知其事。大抵军官嗜利与贼通者，尤难弭息。宜令各处镇守军官，例以三年转徙，庶革斯弊。"帝皆从之。诏江西行省平章忽都铁木儿督捕广东等处盗贼。

二十五年（戊子、一二八八）夏四月，广东民董贤举，浙江民杨镇龙、柳世英，循州民钟明亮，各拥众万余，相继起兵，皆称大老，明亮势尤猖獗。诏遣江西行省丞相忙兀带、行枢密院副使月的迷失发四省兵讨之。明亮屡降复叛。既而福建按察使王恽上疏言："福建郡县五十余处，连山距海，实边徼要区。由平宋以来，官吏残虐，故愚民往往啸聚，朝廷遣兵讨之，复致蹂践，甚非一视同仁之意。况福建归附之民户几百万，黄华之变，十去四五，今明亮之势又烈于华，其可以寻常草窃视之乎？宜选精兵，明号令，以计取之。不然，祸未已也。"御史大夫月吕鲁亦言：

"江南盗起凡四百余处，宜选将讨之。"帝曰："月的迷失屡以捷闻，忙兀带已往，卿毋以为虑。"

二十六年（己丑、一二八九）夏四月，禁江南民挟弓矢，犯者籍以为兵。

五月，明亮率众万八千五百七十三人来降。

六月，月的迷失请以降贼明亮为循州知州，宋士贤为梅州判官，丘应祥等十八人为县尹、巡尉。帝不允，令明亮、应祥并赴都。

冬〔闰〕（据元史卷一五世祖纪补）十月，月的迷失以丘应祥、董贤举归于京师。丙戌，明亮复反，以众万人寇梅州，江罗等以八千人寇漳州，又韶、雄诸贼二十余处，皆举兵应之，声势张甚。诏月的迷失复与福建、江西省合兵讨之，且谕旨月的迷失："钟明亮既降，朕令汝遣赴阙，而汝玩常不发，致有是变。自今降贼，其即遣之。"

是月，婺州贼叶万五以众万人寇武义县，杀千户一人，江淮省平章不怜吉带将兵讨之。

十一月，漳州贼陈机察等八千人寇龙岩，执千户张武义，与枫林贼合。福建行省兵大破之，陈机察、丘大老、张顺等以其党降。行省请斩之以警众，事下枢密院议，范文虎曰："贼固当斩，然既降乃杀之，何以示信？宜并遣赴阙。"从之。

二十七年（庚寅、一二九〇）春正月，江西贼华大老、黄大老等掠乐昌诸县，行枢密院讨平之。

三月，建昌贼丘元等称大老，集众千余人掠南丰诸郡；

太平县贼叶大五，集众百余人寇宁国，皆擒斩之。

五月，月的迷失与江西行省管如德合兵讨明亮，降。诏缚至阙下，如德留明亮等不遣，明亮复率众寇赣州。

六月，徽州绩溪贼胡发、饶必成，杭州贼唐珍，建平贼王静照，芜湖贼徐汝安、孙惟俊等，皆伏诛。

十一月，江淮行省平章不怜吉带言："福建盗贼已平，惟浙东一道，地极边恶，贼所巢穴。初，伯颜等于各路置军镇戍，盖视地之轻重而为多寡，后为忙古䚟更易其法，今宜复还三万户分戍之。扬州、建康、镇江三城，跨据大江，人民繁会，宜置万户府七。杭州，行省诸司府库所在，宜置万户府四。濒海沿江要害二十二所，宜增置战舰，分兵阅习水战之法。"从之。

是月，兴化路仙游贼朱三十五寇青山。处州青田贼刘甲、乙等集众万余人，寇温州平阳。

二十八年（辛卯、一二九一）秋七月，遣憨散总兵讨平江南盗贼。

二十九年（壬辰、一二九二）春正月，诏江南避乱者令复业。

九月，治书侍御史裴居安言："月的迷失遇盗起不即加兵，盗去乃延诛平民。"诏台院遣官杂问之。

三十年（癸巳、一二九三）二月，江西行院月的迷失言："江南豪右多庇匿盗贼，宜诛为首者，余徙内县。"从之。

成宗元贞二年（丙申、一二九六）冬十月，赣州民刘六十聚众至万余，建立名号，朝廷遣将讨之，多观望不进，贼势益盛。江南行省左丞董士选请自往，进至兴国，距其营〔不〕（据元史卷一五六董士选传、续纲目、薛鉴补）百里，命将校分兵守地，悉置激乱之人于法，复诛奸民之为囊橐者。于是民争出自效，不数日，六十就擒，余党悉散。事平，士选遣使奏闻，但请黜赃吏数人而已，略不及破贼事，时称其不伐。

元史纪事本末卷二

北边诸王之乱　乃颜　海都　笃哇

世祖至元二十四年（丁亥、一二八七）夏四月，诸王乃颜反。乃颜，烈祖第五子别里古台之曾孙，也速不花之孙，广宁王（瓜）〔爪〕都（据元史卷一一七别里古台传改）之次子也。始乃颜遣使征东道兵，帝谕诸王阇里铁木儿毋辄发。或告乃颜反，帝遣伯颜往觇之。伯颜多载衣裘入其境，辄以与驿人。既至，乃颜谋执之，伯颜觉，与其从者趋出，分三道逸去。驿人以得衣裘故，争献健马，遂得脱，驰还白状。至是，乃颜反。时西北诸王多欲从之，帝以为忧。宿卫（使）〔士〕（据续纲目、薛鉴改）阿沙不花曰："此莫若先抚安诸王，乃行天讨，则叛者势自孤矣。"帝曰："善，尔试为朕行之。"乃北说诸王纳牙曰："大王闻乃颜反耶？"曰："闻之。"曰："大王知乃颜已遣使自归耶？"曰："不知也。"曰:"闻大王等皆欲为乃颜外应,今乃颜既自归矣,是独大王与主上抗耳。大王何不往见上自陈,为万全计。"纳牙许之,于是诸王之谋乃解,帝遂议亲讨之。

五月,遣也先传旨谕北京等处宣慰司,凡隶乃颜所部者,禁其往来,毋(得)〔令〕(据元史卷一四世祖纪改。原刻本作"会",乃"令"字之讹,江西本作"得",出于臆改)乘马持弓矢。时将校多乃颜部人,或其亲昵,立马相向语,辄释仗不战,帝患之。浙西道儒学提举叶李密启曰:"兵贵奇,不贵众,临敌当以计取。彼既亲昵,谁肯尽力?徒费陛下粮饷,四方转输之劳。臣请令汉军列前步战,而联大军断其后,以示死斗。彼尝玩我,必不设备,我以大众蹄之,无不胜矣。"帝然之,乃诏左丞李庭等将汉军,用汉法以战。六月,帝至撒儿都鲁之地,乃颜党金家奴、塔不歹拥众号十万,进逼乘舆。帝亲麾诸军围之,乃颜坚壁不出。司农卿铁哥曰:"彼众我寡,当以疑退之。"于是帝张盖据胡床,铁哥进酒,塔不歹按兵不敢进。李庭曰:"彼夜当遁耳。"乃引壮士(千)〔十〕(据元史卷一六二李庭传、续纲目、薛鉴改)余人抱火炮,夜入其阵,炮发,果自溃散。帝曰:"何以知之?"庭曰:"不歹兵虽多,然无纪律,见车驾驻此而不战,必疑有大军继之,以是知其必遁。"遂命庭将汉军,玉昔帖木儿将蒙古军,并进。乃颜败走,追执之。

秋七月,乃颜党诸王失都儿犯咸平,辽东宣慰使塔出遣使驰驿以闻,帝命领军一万,与皇子爱牙赤同力备御之。时女直、水达〔达〕(据元史卷一三三塔出传补)官民皆与乃颜连结，塔出弃妻子，与麾下十二骑直抵建州，距咸平千五百里，与乃颜党太撒拔都儿等合战，两中流矢。继知其党帖哥、（杪）〔抄〕儿赤（据同上书改）等欲袭皇子，乃以〔数十人退战〕（据同上书补）千余人，扈从渡辽水。身与乃颜兵接战，转斗而前，射其酋帖古歹，中其口，镞出于项，堕马死，遂军懿州。懿州老幼千余人，焚香罗拜道旁，泣曰：“非宣慰公，吾属无遗种矣。”塔出曰：“今日之事，上赖皇帝洪福，下赖将士之力，吾何功焉。”又追乃颜余党，北至金山，战捷。帝嘉其功，赐明珠虎符，充蒙古兵万户。

二十五年（戊子、一二八八）春正月，诸王海都犯边。海都者，太宗之孙，合失大王之子也。世居北方，自定宗以来，日寻干戈。至元初即有叛意，廷议欲伐之，帝曰：“朕以宗室之情，惟当怀之以德，其择谨密足任大事者往使焉。”左右以平阳马步站达鲁花赤铁连对，遂召见。铁连应对称旨，帝嘉其辨慧，曰：“此事非连不可，然必先诣拔都蒙哥铁木王所，相与计事而后行。”使二人副之。铁连既奉命，欲直造海都境，视其虚实，然后议于诸王。副者持不可，铁连曰：“亲承密旨，违则当诛。”副者惧而从之。既至，海都日召宗亲宴饮，将伺其隙谋害之。铁连厉声斥之曰：“且食，毋令语言脱口，相摭为罪！”海都愕然曰：“直哉！”酒半，铁连求衣为欢，海都嘉其雄辨，将解与之，其妃止之，以皮服（三）〔二〕（据元史卷一三四铁连传改）袭付之，因语其属曰：“为使者当如是矣。”厚赠以行。乃至拔都蒙哥铁木王所，具告之故。王曰："祖宗有训，叛者人得诛之。如通好不从，举师以行天罚，我即外应，剿绝何有。"铁连还，悉以事闻，因言曰："海都兵繁而锐，不宜速战，来则坚垒待之，去则勿追。自守既固，即无虞矣。"帝深然之，敕所受海都皮服全饰以金，凡朝会宜服以表示焉。是岁，诏封皇子那木罕为北平王，率诸王兵镇守，而以安童行省院事。既而海都叛，帝大阅兵将讨之，先命户部尚书昔班使海都，谕令罢兵，置驿来朝。昔班至海都传旨，海都听命，既退军置驿，而丞相安童军先已克火和（木）〔大〕王（据元史卷一三四昔班传改）部曲，尽获其辎重。海都惧，将逃，谓昔班曰："我不难杀汝，念我父尝受书于汝，归以安童之事闻，非我罪也。"昔班以闻，帝曰："汝言是也。"寻命为中书右丞，议政事，妻以宗王女不鲁真公主。明年，复使谕海都，且曰："苟不从我，〔尔〕能〔敌〕诸王藩卫〔之〕（并据元史卷一三四昔班传补）兵乎？"海都辞以畏死不敢。至是复寇边，拔都也孙脱迎击，死之。

夏四月，诏皇孙铁木耳行边。乃颜余党火鲁火孙及哈丹等尚攻掠边郡未下，诏皇孙铁木耳北抚诸军进讨之。都指挥土土哈击败火鲁火孙、札兀鲁灰，还至哈剌温山，夜渡贵烈河，复击败哈丹军，尽得辽左诸部，置东路万户府。

二十六年（己丑、一二八九）二月，哈丹兵寇胡鲁口，开元路治中兀颜牙兀格战连〔日〕（据元史卷一五世祖纪补），破之。

六月庚申，诸王乃蛮带败哈丹兵于托吾儿河。辛巳

（按：是月戊申朔，无辛巳日。疑为己巳或辛未之误。），海都犯边，土土哈从皇孙晋王征之，抵杭海岭。敌先据险，诸军失利，惟土土哈以其军直前鏖战，翼晋王而出。追骑大至，乃选精锐，设伏以待之，寇不敢逼。海都兵至和林，宣慰使怯伯、同知乃满带、副使八黑铁儿皆反应之。刘哈剌八都鲁乘间逃归。

秋七月，帝自将讨海都，至北边，召见土土哈，慰谕之曰："昔太祖与臣下同患难者，饮班术河之水以记功。今日之事，何愧昔人。卿其勉之！"

二十七年（庚寅、一二九〇）二月，哈丹寇辽东海阳。五月，寇开元。平章政事阇里帖木儿帅师战于瓦法，大破之。

二十九年（壬辰、一二九二）冬十月，诸王明里铁木儿附海都以叛，诏伯颜讨之。至阿撒忽秃岭，已为明里铁木儿所据，矢下如雨，伯颜先登陷阵，诸军望风争奋，大破之。明里铁木儿挺身走，命速哥、梯迷秃儿等追之。伯颜军还，夜至必失秃，卒遇伏兵，伯颜坚壁不动，黎明遂引去。伯颜轻骑追至别竭儿，会速哥、梯迷秃儿等亦至，乃夹击之，斩首二千余级。军中获谍者，忻都欲杀之，伯颜不许，厚赐之，遣赍书谕明里铁木儿以祸福。明里铁木儿得书感泣，率其众来降。

三十年（癸巳、一二九三）三月，括诸路马。时以海都入寇，诏群臣议所以为备。从枢密李庭言，复括天下马，凡得十一万匹。

六月，诏皇孙铁木耳抚军北边，召伯颜还，以玉昔帖木儿代之。时有潜伯颜久居北边，与海都通好，因仍保守，无尺寸之获者。诏授皇孙铁木耳以皇太子宝抚其军，以太傅玉昔帖木儿辅行，召伯颜居大同，以俟后命。玉昔帖木儿未至三驿，海都兵复至，伯颜遣人语玉昔帖木儿曰："公姑止，待我翦此寇而来，未晚也。"遂与海都兵交，且战且却，凡七日。诸将以为怯，愤曰："果惧战，何不授军于太傅？"伯颜曰："海都悬军涉吾地，邀之则遁，诱其深入，一战可擒也。诸军必欲速战，若失海都，谁执其咎？"诸将曰："请任之。"即还军击败之，海都果脱去。乃召玉昔帖木儿至军中，授以印而行。

成宗大德元年（丁酉、一二九七）冬十月，钦察都指挥使床兀儿攻破八邻之地，还击海都军，败走之。八邻之地时为海都所据，床兀儿帅师（于）〔逾〕（据元史卷一二八床兀儿传、续纲目改）金山进攻之。其将帖良台阻答鲁忽河而军，伐木栅岸以自庇，士皆下马跪坐，持弓矢以待。床兀儿奋师驰击，大破之，尽得其人马庐帐。还次阿鲁河，与海都援将孛伯遇，床兀儿麾军渡河蹙之，孛伯败走，仅以身免。

〔二年〕（据元史卷一一八阔里吉思传、续纲目、薛鉴补）（戊戌、一二九八）十二月，驸马阔里吉思遇寇败没。是岁秋，诸王将帅共议备边事，咸曰："敌往岁不冬出，且可休兵于境。"阔里吉思（特）〔独〕（据同上书改）严兵待之。冬，敌果大至，阔里吉思三战三克，乘胜逐北，马踬为敌所执。诱使降，不屈。又欲妻以女，阔里吉思毅然曰："我天子婿也，非天子命而可再娶乎！"竟不屈死焉。

三年（己亥、一二九九）十二月，命兄子<u>海山</u>镇漠北。
<u>海山</u>，帝兄答剌麻八剌之长子，帝以宁远王<u>阔阔</u>出总兵北
边，怠于备御，命<u>海山</u>即军中代之。

四年（庚子、一三〇〇）八月，<u>海山</u>与<u>海都</u>军战于<u>阔别
列</u>之地，败之。

五年（辛丑、一三〇一）九月，<u>海都</u>与<u>笃哇</u>诸部大举入
寇，<u>海山</u>躬督<u>床兀儿</u>等五军，合击，大破之。<u>阿失</u>射<u>笃哇</u>
中膝，号〔哭〕（据元史卷一一八阿失传、续纲目补）遁去。<u>海
都</u>不得志引还，旋亦死。

七年（癸卯、一三〇三）秋七月，<u>笃哇</u>遣使〔乞〕（据续纲
目补）降。<u>笃哇</u>既败，聚其属及<u>海都</u>之子，谋遣使请命。
使至，<u>月赤察儿</u>会诸王将帅议曰："<u>笃哇</u>乞降，事当待命于
上，然往返再阅月，恐失事机。"乃使<u>马兀合剌</u>往报之，既
遣，始以闻。帝嘉之，诏慎饬军士，安置驿传以俟。自是
诸王叛者相率来归。

<u>武宗</u>至大元年（戊申、一三〇八）十二月，<u>月赤察儿</u>进
攻<u>察八儿</u>诸部，平之。<u>月赤察儿</u>言："诸王之在边境者，素
无悛过之心，傥诸部合谋，必为国患。请抚安<u>笃哇</u>之子<u>款
彻</u>，及处诸部来归者于<u>金山</u>之阳，遣军屯田山北，脱彼有
谋，吾已据其腹心矣。"帝称善，趣（军）进〔军〕（据<u>续纲
目</u>、<u>薛鉴</u>改）攻之。<u>察八儿</u>等果欲奔<u>款彻</u>，不纳，遂相率来
降，漠北悉平。

三年（庚戌、一三一〇）三月，赐诸王<u>察八儿</u>币帛。初，

世祖以海都叛，诏积其分地五户丝为币帛，俟其来降赐之。至是，其子察八儿来归，尚书省臣请以赐之。帝曰："世祖谋虑深远若是。待诸王朝会，班赏既毕，卿等备述其故，然后与之，使彼知愧。"

元史纪事本末卷三

高丽之臣

世祖至元十七年（庚辰、一二八〇），始置驿站于高丽。初，太祖十一年，契丹人六哥领众九万余，窜入高丽，拔江东城据之。太祖遣哈只吉、劄剌等领兵往其国，助攻灭六哥，谕令岁输贡赋，高丽寻进方物谢。十六年，谕以伐女直事，始奉表陈贺。屡遣使至其国，会使者为盗所杀，遂绝。太宗三年，命撒里塔帅兵攻之，国人洪福源迎降。撒里塔使福源抵王京，招其主王瞰。瞰遣其弟俓请和，许之，置京、府、县达鲁花赤七十二人监之，遂班师。四年，瞰尽杀朝廷所置官以叛。复遣撒里塔以兵往，至王京南，攻其处仁城，中流矢卒。军还，瞰亦上表谢罪。自后叛服不常。〔自定宗二年至〕（据元史卷二〇八高丽传补）宪宗八年，凡四命将征之，拔其城十有四。宪宗末，瞰遣其世子倎入朝。至帝中统元年，暾卒，命倎归国，封为高丽国王，以兵卫送之，仍敕其境内。二年，倎更名（植）〔禃〕（据元史卷二〇八高丽传、续纲目改。下同），遣世子愖奉表以闻。五年，（植）〔禃〕自入朝。至元三年，帝欲通好日本，谕高丽与日本邻国，宜为乡导。五年，（植）〔禃〕遣其弟淐入朝。帝以（植）〔禃〕欺罔，淐至，面数其事切责之。特遣使诏谕（植）〔禃〕，责令供军实，造战舰，助攻宋及日本。（植）〔禃〕复遣其臣来朝。六年，（植）〔禃〕上表奏诛权臣金俊等。复遣世子愖入朝。愖至，奏本国臣下擅废（植）〔禃〕立其弟安庆公淐事，诏遣斡朵思不花、李谔等至其国详问之。寻诏授愖特进、上柱国，率兵三千赴国难。帝以（植）〔禃〕、淐废置出其臣林衍所为，诏（植）〔禃〕、淐、衍等同诣阙，面陈情实，先遣兵压境，不至即以时进讨。未几，高丽统领崔坦等以林衍作乱，挈西京五十余城入附。诏枢密院议征高丽事。初，马亨以为高丽者，本箕子所封之地，汉、晋皆为郡县，今虽来朝，其心难测。莫若严兵假道，以取日本为名，乘势可袭其国，定为郡县。马希骥亦言："今高丽乃古新罗、百济、高句丽三国并而为一。大抵藩镇权分则易制，诸侯强盛则难臣。验彼州城军民多寡，离而为二，分治其国，使权侔势等，自相维（持）〔制〕（据元史卷二〇八高丽传改），则徐议良图，亦易为区处。"议皆未决。会使者至其国，（植）〔禃〕受诏复位，旋亲朝京师。七年，以高丽西京内属，改东宁府，画慈悲岭为界，忙哥都为安抚使，佩虎符，率兵戍其西境。仍诏谕高丽僚属军民以讨林衍之故。时（植）〔禃〕复入朝，朝廷遣军送（植）〔禃〕就国，敕将帅严戒兵士，勿令有所侵犯。会林衍死，衍党复立承化侯为王，窜入珍岛。大军进至王京西关城，遣人收系衍妻子，（植）〔禃〕入居旧京。是年复诏（植）〔禃〕送使者通好日本。八年，诸将大破珍岛贼，平之。十年，（植）〔禃〕屡言国小地狭，比岁荒歉，其生券军乞驻东京。诏令营北京界，仍敕东京路运米二万石赈之。十一年，（植）〔禃〕卒，世子愖袭爵，改名（睶）〔賰〕（据元史卷九世祖纪改。下同），尚皇女忽都鲁揭里迷失。十（四）〔五〕（据元史卷二〇八高丽传改）年，征东元帅府上言："高丽侍中金方庆，阴养死士，匿铠仗器械，造战舰，积粮饷，谋作乱。捕方庆等按验得实，已流诸海岛。然高丽新附，民心未安，可发征日本还卒二千七百人，置长吏，屯忠清、全罗诸处，镇抚其民，且令士卒备牛畜耒耜，为屯田计。"从之。

十九年（壬午、一二八二），（睶）〔賰〕上言："日本寇其边海郡邑，烧居室，掠子女而去。请发阇里帖木儿麾下蒙古军五百人戍金州。"从之。

二十年（癸未、一二八三），立征东行中书省，以高丽国王（睶）〔賰〕与阿塔海共事。

二十八年（辛卯、一二九一），高丽饥，诏给米（一）〔二〕（据元史卷一六世祖纪、卷二〇八高丽传改）十万斛赈之。

成宗大德元年（丁酉、一二九七），封高丽国王昛为逸寿王。（睶）〔賰〕前改名昛。以世子謜为高丽王，从所请也。

二年（戊戌、一二九八），中书省臣奏謜有罪当废，复以其父眶为王。

三年（己亥、一二九九），眶遣使入贡。丞相等言："眶在国僭拟不法，諹年少妄杀无辜。乞降诏戒饬。"从之。会哈散使高丽还，言眶不能服其众，朝廷宜遣官共理之。遂复立征东行省，命阔里吉思为高丽行省平章政事。

五年（辛丑、一三〇一），复罢行省官。是年眶卒，子諹复立。諹死，子焘嗣。焘死，弟嘼嗣。

元史纪事本末卷四

日本用兵

世祖至元十七年（庚辰、一二八〇）五月，召范文虎议征日本。日本古倭奴国，在东海之东。先是至元（元）〔二〕（据元史卷二〇八日本传改）年，以高丽人赵彝等言日本国可通，择可使者。三年八月，命兵部侍郎黑的，给虎符，充国信使，礼部侍郎殷弘副之，持国书使日本。书曰："大蒙古皇帝奉书日本国王。朕惟自古小国之君，境土相接，尚务讲信修睦，况我祖宗，受天明命，奄有区夏，遐方异域畏威怀德者，不可悉数。朕即位初，以高丽无辜之民久瘁锋镝，即令罢兵，还其疆域。高丽君臣感戴来朝，欢若父子。计王君臣亦已知之。高丽，朕东藩也。日本密迩高丽，开国以来亦时通中国，至于朕躬，而无一乘之使以通和好。尚恐王国知之未审，故特遣使布告朕志，冀自今以往，通问结好，以相亲睦。"黑的等道由高丽，高丽国王王（植）〔禃〕（据元史卷二〇八日本传、续纲目、薛鉴改。下同），以帝命遣其臣宋君斐、金赞等导诏使往日本，不至而还。四年六月，帝谓王（植）〔禃〕以辞为解，令去使徒还，复遣黑的等至高丽谕（植）〔禃〕，委以日本事，以必得其要领为期。（植）〔禃〕以为海道险阻，不可辱天使。九月，遣其臣潘阜等持书往日本，留六月，亦不得其要领而归。五年九月，命黑的、弘复持书往。至对马岛，日本拒而不纳，执其塔二郎、弥二郎二人而还。六年六月，命高丽送还执者，俾中书省牒其国，亦不报。十二月，又命秘书监赵良弼往。良弼将行，乞定与其王相见之仪。廷议，与其国上下之分未定，无礼数可言，帝从之。七年十二月，诏谕高丽国王（植）〔禃〕送弼，期必达。八年六月，日本通事曹介升等上言："高丽迂路导引国使，外有捷径，傥得便风，半日可达。若使臣去则不敢同往，若大军进征则愿为乡导。"帝曰："如此则当思之。"九月，高丽王（植）〔禃〕遣其通事徐称导良弼至日本。日本始遣弥四郎者入朝，帝宴劳遣之。九年二月，良弼遣书状官张铎言："去岁九月，与日本弥四郎等至其太宰府西守护所，守者云：'曩为高丽所绐，屡言上国来伐。岂期皇帝好生恶杀，先遣行人下示玺书，然王京去此尚远，愿先遣人从奉使回报。'"良弼乃遣铎同其使二十六人至京师求见。帝疑其国主使之〔来〕（据元史卷二〇八日本传补），云守护所者诈也。诏问姚枢、许衡等，皆曰："诚如圣算。彼惧我加兵，故发此辈伺吾强弱耳。宜示之宽仁，且不宜听其入见。"从之。是月，高丽王（植）〔禃〕复以书谕日本，令必通好大朝，竟不报。十年六月，良弼复往使，至太宰府而还。十一年三月，命经略使忻都、洪茶丘等，以千料舟、拔都鲁轻疾舟、汲水小舟各三百，载士卒一万五千，期以七月征日本。冬十月，入其国，败之。而官军不整，又矢尽，惟虏掠四境而还。十二年二月，遣礼部侍郎杜世忠等往使，复致书，亦不报。十四年，日本遣商人持金来易铜钱，许之。十七年二月，日本杀国信使杜世忠等，征东元帅忻都、洪茶丘请自帅师往征日本，廷议姑少缓之。至是月，帝召范文虎议征日本方略。旋诏括前愿从军者，及张世杰溃军，往征日本。

九月，发兵十万，命范文虎将之。赐右丞洪茶丘所将征日本新附军钞及甲。

十二月，高丽国王（晪）〔睶〕（据元史卷九世祖纪改）率兵万人，战船九百艘，征日本。诏给洪茶丘等战具，高丽铠甲、战袄。谕诸将，兵道高丽，毋扰其民。

十八年（辛巳、一二八一）春正月，召日本行省右丞相阿剌罕、右丞范文虎等，赴阙授方略。二月，诸将陛辞。帝敕曰："始因彼国使来，故朝廷亦遣使往，彼留我使不还，故使卿辈为此行。朕闻汉人言，取人家国，欲得百姓，若尽杀其人，徒得地何用。更有一事，虑卿等不和耳。假若彼国使至，与卿辈有所议，当同心协谋，如出一口答之。"

六月，阿剌罕卒，诏以左丞阿塔海代之。

八月，范文虎等丧师遁还。上言："初至日本，欲攻太宰府，暴风破舟。犹欲议战，万户厉德彪、招讨王国佐等，不听节制，辄逃去。本省（战）〔载〕（据元史卷二〇八日本传改）余军还合浦，散遣还乡里。"未几，败卒于閭归，言官军六月入海，七月至平壶岛，移五龙山。八月一日风破舟，五日文虎等诸将各自择坚好船乘之，弃士卒十余万于山下。众议推张百户者为主帅，方伐木作舟欲还，七日日本人来战，尽死，余二三万为其掳去。九日至八角岛，尽杀蒙古、高丽、汉人。谓新附军为唐人，不杀而奴之，閭辈是也。盖行省官议事不相下，故皆弃军归。久之，莫青、吴万五者亦逃还。是役也，十万之众，得还者三人而已。

十一月，敕高丽国金州等处置镇边万户府，以控制日本。高丽国王请完（海）滨〔海〕（据元史卷一一世祖纪改）城防日本，不允。

十二月，罢日本行中书省。

二十年（癸未、一二八三）春正月，发五卫军二万人征日本。诏籴粮于察罕脑儿以给军匠。

三月，命阿塔海为日本行省丞相，与彻里帖木儿、刘二拔都儿大募兵造舟，伐日本。中丞崔彧言："江南相继盗起，皆缘募水手造海船，民不聊生。日本之役，宜姑止之。江南四省应办军需，宜量民力，勿强以土产所无；凡给物价及民者，必以实；召募水手，当从所欲。伺民之气稍苏，我之力粗备，二三年复东征未晚。"不从。

二十一年（甲申、一二八四）春正月，遣王积翁赍诏使日本，取道庆元航海。帝以其俗尚佛，命补陀僧如智同往。舟人有不愿行者，共谋杀积翁。

二十二年（乙酉、一二八五）十一月，敕漕江淮米百万石，泛海贮于高丽之合浦，仍令东京及高丽各贮米十万石，备征日本。期诸军于明年三月以次而发，会于合浦。是月复敕囚徒，黥其面，及招宋时贩私盐军习海道者为水工，以征日本。

二十三年（丙戌、一二八六）春正月，诏罢征日本，以方议伐安南故也。先是立征东行省，敕各处造海舶，集漕船，募水手，贮粮饷，有司征敛，大为奸利。吏部尚书刘宣上言："近议再兴日本之兵，此役不息，安危所系。近用唆都议伐占城，海牙言征交阯，三数年间，吏民大扰，盗贼猬兴。且交阯小邦，亲王提兵，深入无功，反殪大将。况日本海洋万里，非二国比，万一不利，援兵安能飞渡耶？"帝纳其言，遂下诏罢征日本。

成宗大德二年（戊戌、一二九八），江浙省臣也速答儿乞用兵日本，帝曰："今非其时，朕徐思之。"

三年（己亥、一二九九），遣僧宁一山，加妙慈弘济太师，附商舶往使日本，日本竟不至。

八年（甲辰、一三〇四）夏四月，置千户所戍定海，以防岁至倭船。

十年（丙午、一三〇六）夏四月，倭商有庆等抵庆元贸易，以金铠甲为献。命江浙行省备之。

元史纪事本末卷五

占城安南用兵

世祖至元十九年（壬午、一二八二）六月，诏发军讨占城。初，朝廷以占城既附，遣唆都就其国立省抚治之。王子补的负固弗率，凡使臣经其国者皆被执。帝怒，决意进讨，发淮、浙、福建、湖广军五千，海船百艘，战船二（千）〔百〕五（百）〔十〕（据元史卷一二世祖纪、薛鉴改），命唆都将之以行。

二十年（癸未、一二八三）春正月，唆都攻占城破之，入其国。王子遁入山谷，后遣其臣宝脱秃花阳求归顺以款师，复潜杀所执使臣皇甫杰等百余人。唆都等久之方觉其诈，乃遣兵攻之，转战至木城下，阻隘不敢进。贼兵旁截归路，军殊死战得出。唆都等遂谋引还。

二十一年（甲申、一二八四）二月，命阿塔海发兵万五千人，船二百艘，征占城。船不足，命江西省益之。

秋七月，诏镇南王脱欢征占城，与左丞李恒往会唆都兵俱进。复以安南通谋占城，令军行假道于其国，且征其粮饷以给军。十二月，脱欢军次安南。安南王陈日烜言，其国至占城水陆非便，遣兵分道拒守境上。

二十二年（乙酉、一二八五）五月，脱欢军击陈日烜，败走之，遂入其城而还。日烜遣兵来追，唆都、李恒战死。初，脱欢屡移书日烜欲假道，竟不纳，益修兵船，为迎敌计。脱欢乘间缚筏为桥，渡富良江北，与日烜大战，破之。日烜遁走，不知所之。其弟益稷率其属来降。脱欢聚诸将议，交人拒敌官军，虽数败散，然增兵转盛，官军疾疫，死伤亦众，占城竟不可达。乃谋引兵还。交兵追袭之，李恒中毒矢，至思明卒。唆都军与脱欢相去二百余里，脱欢军还，唆都犹未知之，亟趋其营，交人邀于乾满江，力战而死。

秋七月，枢密院言："镇南王所统征交阯兵，久战力疲。请发蒙古军千人，汉军新附四千人，取镇南王节制，以征安南。"帝从之。复以唐兀带为荆湖行省左丞。唐兀带请放征安南军还家休息，诏从镇南王处之。

二十三年（丙戌、一二八六）春（正）〔二〕（据元史卷一四世祖纪、卷二〇九安南传改）月，诏以陈益稷自拔来归，封为安南国王，仍命镇南王脱欢、左丞相阿里海涯平定其国，以兵纳益稷。时湖南宣慰司上言："连岁征日本，及用兵占城，百姓罢（弊）〔于〕（据元史卷二〇九安南传改）转输，赋役烦重，贫民鬻子应役，举动之间，利害非一。<u>且安南</u>已尝遣使纳表称藩，若从其请，以苏民力，计之上也。无已，则宜宽百姓之赋，积粮饷，缮甲兵，俟来岁天时稍利，然后大举未晚。"会吏部尚书<u>刘宣</u>亦言之，帝是其请，命还军，居<u>益稷</u>于<u>鄂州</u>。

二十四年（丁亥、一二八七）春正月，复诏<u>脱欢</u>督右丞<u>程鹏飞</u>、参知政事<u>樊楫</u>等进击安南。<u>鹏飞</u>与<u>楫</u>等分兵三道，水陆并进，凡十七战皆捷，遂深入其境。<u>安南</u>王<u>日烜</u>弃城走于海。

二十五年（戊子、一二八八）二月，<u>脱欢</u>复遣兵追<u>陈日烜</u>于海，不知所之。右丞相<u>阿八赤</u>曰："贼弃巢穴远遁，意待吾敝而乘之。将士皆北人，春夏之交，瘴疠将作，贼弗就擒，馈饷且尽，吾不能持久矣。"时<u>日烜</u>复遣使请降以（疑）〔款〕（据续纲目改）师，诸将信其说。久之不降，拥众据海口。<u>阿八赤</u>率众攻之，将士多被疫不能进，诸蛮复叛，所得险阸皆失守，遂谋引还。<u>日烜</u>复集散兵三十万守御<u>东关</u>，遏<u>脱欢</u>归路。诸军且战且行，日数十合。贼据险窃发毒矢，将士裹疮以战，<u>樊楫</u>、<u>阿八赤</u>皆死。前军<u>昔都儿</u>奋勇乘之，交人小却，<u>脱欢</u>由间道趋还。<u>日烜</u>寻遣使入朝，贡金人以赎己罪。帝以<u>脱欢</u>无功而还，令出镇<u>扬州</u>，终身不许入觐。

二十八年（辛卯、一二九一）冬十月，遣礼部尚书<u>张立道</u>使<u>安南</u>，征其王入朝。初，<u>脱欢</u>等既还，帝怒<u>安南</u>不已，欲再伐之。会<u>日烜</u>死，子<u>日燇</u>袭位。<u>不忽木</u>曰："彼山海小夷，以天威临之，宁不震惧？兽穷则噬，势使之然。今若遣使谕之，彼宜无不奉命。"遂以立道尝使安南有功，复使往征其王入朝。

二十九年（壬辰、一二九二）九月，复遣吏部尚书梁曾、编修陈孚使安南，征其王入朝。时以张立道既还，日燇不至，故特诏往征之。

三十年（癸巳、一二九三）八月，安南遣使入贡，诏安置于江陵，复议举兵伐之。初梁曾等至安南，其国有三门，日燇欲迎诏自旁门入，曾贻书责之，往复者三，卒从中行。且讽之入朝。日燇不从，遣其臣陶子奇偕曾来贡。曾进所与日燇辨论书，帝大悦，解衣赐之。廷臣以日燇终不入朝，遂拘陶子奇于江陵，命刘国杰与诸王亦里吉鯣等整兵聚粮，复议伐之。

十二月，平章政事亦黑迷失、史弼、高兴等，以征安南无功而还，各杖而耻之，仍没其家赀三之一。

三十一年（甲午、一二九四）五月，罢安南兵，释其使归国。时帝崩，皇孙铁木耳即位，故有是诏。

元史纪事本末卷六

西南夷用兵　缅　八百媳妇　金齿

世祖至元十九年（壬午、一二八二）二月，议征缅国。先是至元八年，大理、善阐等路宣慰司遣乞䚟脱因使缅国，招其王内附。缅使价博诣京师，帝复遣使诏谕之。十（四）〔二〕（据元史卷二一○缅传改）年，云南省臣言："缅王无降心，去使不返，势须用兵。"帝未许。已而云南都元帅纳速剌丁率兵入缅界，稍稍招降其众，以天热还师。至是上言："缅国形胜，尽在臣目中，可击。"帝悦，遂以太卜为右丞，也（速）〔罕〕的斤（据元史卷一二世祖纪、卷一三三也罕的斤传及续纲目、薛鉴改）为参政，命诸王相（答）吾〔答〕儿（据元史卷一三三也罕的斤传、卷二一○缅传改。下同）督诸军复往击之。

二十年（癸未、一二八三）十一月，相（答）吾〔答〕儿等分道攻缅，拔江头城，令都元帅袁世安戍之。复遣使诏谕缅王，不应。议以建都太公城乃其巢穴，遂水陆进兵，攻拔之。

二十一年（甲申、一二八四）春正月，建都王乌蒙、金齿西南夷十二部俱降。初，诸国为缅所制，欲降不果。至是，因缅城既拔，遂皆来降。

夏四月，忽都铁木儿征缅之师为贼冲溃，诏发思、播田、杨二家军助之。

二十四年（丁亥、一二八七）春，（正月）（按：元史卷二一○缅传记此事在二月之后，故删）缅始平，乃定岁贡方物。

二十九年（壬辰、一二九二）八月，遣忙兀〔突〕鲁迷失（据元史卷一七六刘正传补）以军征八百媳妇国。

成宗元贞二年（丙申、一二九六）十二月，立彻里军民总管府。云南行省臣言："大彻里地与八百媳妇犬牙相错。今大彻里胡念已降，小彻里复占扼地利，多相杀掠。胡念遣其弟胡伦，乞别置一司，择通习蛮夷情状者为之帅，招其来附，以为进讨之地。"从之。

大德四年（庚子、一三〇〇）五月，征缅。初，缅人僧哥伦作乱，缅王执其兄阿散哥也，寻释之。阿散哥也乃率其党囚王于冢牢，因弑之。王次子奔诉京师，诏遣薛超兀儿等率行省兵二千人讨之。

十二月，遣云南行省左丞刘深将兵击八百媳妇。完泽因刘深之言劝帝曰："世祖以神武一海内，功盖万世。今陛下嗣大历服，未有成功，以彰休烈。西南夷有八百媳妇，未奉正朔，请往征之。"哈剌哈孙曰："山峤小夷，辽绝万里，可谕之使来，不必远縻兵力。"不听，竟发兵二万，命深及哈剌带等将之以往。御史中丞董士选亦言："不当轻信一人妄言，而置百万生灵于死地。"帝变色曰："事已成，卿勿复言。"麾之出。

五年（辛丑、一三〇一）夏四月，调云南军征八百媳妇。

五月，云南土官宋隆济叛。时刘深等取道顺元，远冒烟瘴，未战，士卒死者已十七八。驱民转饷溪谷之间，一夫负粟八斗，率数人佐之，数十日乃达，死者亦数十万人，中外骚然。而深复令云南调民供馈，及胁求水西土官之妻蛇节金三千两，马三千匹。隆济因绐其众曰："官军征发尔等，将悉翦发黥面为兵，身死行阵，妻子为虏。"众惑其言，遂叛。

六月，宋隆济率苗猺、紫江诸蛮四千人攻杨黄寨，杀掠甚众。隆济进攻贵州，知州张怀德力战败死，遂围刘深于穷谷中。梁王阔阔兵救之，贼众稍却。

八月，遣薛超兀〔儿〕（据续纲目及本书上下文补）等兵伐金齿诸蛮。时征缅师还，为金齿所遮，士多战死。金齿地连八百媳妇，诸蛮相效，不输税赋，贼杀官吏，故皆征之。

九月，诛高庆、察罕不花，免薛超兀儿为庶人。初，薛超兀儿等兵攻阿散哥也不克，引还。言贼降在朝夕，庆等受其略，首倡为还计，是以无功。诏遣官鞫之，得薛超兀儿以下将校受略状。诏诛庆及察罕不花，薛超兀儿等遇赦，削夺官爵为庶人。

十一月，遣刘国杰帅师讨宋隆济及蛇节。时刘深兵败，帝始悔不用哈剌哈孙及董士选之言，乃遣刘国杰及杨赛因不花等率四川、云南、湖广兵，分道进讨诸蛮，别敕梁王提兵应之，军中机务，一听国杰处分。

六年（壬寅、一三〇二）春正月，宋隆济屡攻贵州不解，刘深等粮尽，道梗不通，遂引兵还。隆济复率众邀之，辎重委弃，士卒杀伤殆尽。南台御史中丞陈天祥上书谏曰："八百媳妇乃荒裔小夷，取之不足以为利，不取不足以为害。而刘深欺上罔下，远勤大众，经过八番，纵横自恣，中途变生，所在皆叛。既不〔能〕（据元史卷一六八陈天祥传、续纲目、薛鉴补）制乱，反为乱众所制，食尽计穷，仓皇退走，丧师十八九，弃地千余里。朝廷再发四省之兵，使刘二拔都总督，以图收复。湖南、湖北大发运粮丁夫，众至二十余万，况当农时，驱此愁苦之人，往回数千里中，何事不有？比闻从征败卒言，西南诸夷，皆重山复岭，陡涧深林，其窄隘处仅容一人一骑，上如登天，下如入井。贼若乘险邀击，我军虽众，（无）〔亦难〕施〔为〕（据同上书改补）。或诸蛮远〔遁〕（据同上书补），阻险隘以老我师，进不得前，旁无所掠，将不战自困矣。且自征伐倭国、占城、交、缅诸夷以来，近三十年，未尝有尺土一民之益，计其所费，可胜言哉！去岁西征，及今此举，何以异之？乞早正深罪，（乃）〔仍〕（据续纲目、薛鉴改）下明诏招谕，彼必自相归顺，不须远劳王师，与小丑争一朝之胜负也。为今之计，宜驻兵近境，多市军粮，内安外固，渐次服之。此王者之师，万全之利也。苟谓业已如此，欲罢不能，亦当详审成败，算定而行。彼诸蛮皆乌合之众，必无久能同心捍我之理，但急之则相救，缓之则相疑。以计使之互相仇怨，待彼有隙可乘，徐命诸军数道俱进，服从者怀之以仁，抗敌者威之以武，恩威兼济，功乃可成。若复舍恩任威，深蹈覆辙，恐他日之患有甚于今日者也。"不报。

二月，罢刘深等官。时乌撒、乌蒙、东川、芒部及武定、威楚、普安诸蛮，因蛇节之乱，皆以供输烦劳为辞，乘衅起兵，攻掠州县，焚烧堡砦。遣也速觺儿等将兵会国杰讨之。时国杰方讨顺元蛮，不及来会。也速觺儿等率师分道并进，次第平之。

七年（癸卯、一三〇三）三月，以征八百媳妇丧师，诛刘深，笞哈剌带、郑祐，罢云南征缅分省。时有司会赦议释刘深罪，哈剌哈孙曰："徼名首衅，丧师辱国，非常罪比，不诛无以谢天下。"遂诛之。

夏四月，刘国杰败宋隆济、蛇节于墨特川，平之。初，国杰师出播州境，与贼遇，战失利。乃令军士人持一盾，（而）〔布〕（据元史卷一六二刘国杰传、续纲目改）钉其上，俟阵合，即弃盾佯走。贼果逐之，马遇盾皆仆，国杰鼓噪趋之，贼大败。既而余寇复合，要战，国杰不应。数日，命杨赛因不花分兵先进，大军继之，贼兵溃。乘胜逐北千里，杀获无算，遂破之于墨特川。蛇节降，诛之。隆济遁去，寻为兄子宋阿重执之来献，伏诛。余党相继平。

武宗至大二年（己酉、一三〇九）十一月，八百媳妇及大、小彻里诸蛮作乱，诏遣云南右丞算只儿威往招谕之。比至，为贼所赂，复肆攻掠，遂以败还。

元史纪事本末卷七

阿合马桑卢之奸

世祖至元十七年（庚辰、一二八〇）十二月，平章政事阿合马奏理算江淮钱谷，诬行省平章阿里伯、右丞燕帖木儿、左丞崔斌，杀之。阿合马回纥人，以言利有宠于帝。中统三年，始立左、右部，分统庶务，以阿合马领其事，仍兼诸路转运使，专理财赋。阿合马欲每事得专奏闻，不关白中书。时张文谦居政府，力言："分制财用，古有是理，中书不预，则天子亲莅之乎？"乃止。明年，阿合马以河南钧、徐等州俱有铁冶，请兴鼓铸之利，乃括户三千兴煽之，岁输铁一百三万七（十）〔千〕（据元史卷二〇五阿合马传、续纲目、薛鉴改。按续纲目、薛鉴此事均系于至元元年）斤。至元元年，又以太原民煮小盐越境贩卖，民贪其价廉，竞买食之，解盐以故不售，岁入课银止七千五百两，请岁增五千两，无问诸色兵民，均出其赋。帝以阿合马为有能，因罢左、右部归中书，超拜阿合马平章事。六年，新立宪台，阿合马虑其发己奸，因言于帝曰："庶务责成各路，钱谷付之转运，必绳治之事何由办？请罢御史台及诸道提刑司。"廉希宪曰："立台察，内则纠劾奸邪，外则察视非常，访求民瘼，裨益国政，无大于此者。如阿合马所言，必使上下专恣，贪暴公行，然后事可集耶！"阿合马语塞，乃止。时帝急为富国计，见阿合马行事时有成绩，又屡与史天泽争辨，天泽常诎，帝由是益奇其才，专委任之，所言无不从，阿合马益横。初制铨选，吏部定拟资品，呈尚书省，尚书咨中书，然后闻。阿合马擢用私人，不由部拟，不咨中书。安童以为言，帝问阿合马。阿合马言："事无大小皆委之臣，臣所用之人，臣宜自择。"安童因请："自今惟重刑及迁上路总管始属之臣，余并付阿合马。"帝从之。阿合马复请重定条画，下诸路括户口，增太原盐课，以千锭为常额。十五年，复奏立江西榷茶运司，及诸路转运盐使司、宣课提举司，宣课司官吏多至五百余人。崔斌上言："江南官冗。杭州地大民众，阿合马溺于私爱，以任其不肖子抹速忽。且阿合马先自陈免其子弟之任，今乃身为平章，而子若侄或为参政，或为尚书，或领将作监、会同馆，一门悉处要津，有亏公道。"帝是斌言，命黜之，然终不以为阿合马罪。既而淮西宣慰使昂吉〔儿〕（据元史卷一三二本传、续纲目、薛鉴补）入朝，亦以官冗为言。于是诏江西省并入福建，罢榷茶营田司归本道宣慰司，罢漕运司归行省。至是，崔斌迁为江淮行省左丞。阿合马愤其害己，乃奏理算江淮行省钱谷，诬崔斌与阿里伯等盗官粮四十万，及擅易命官八百余员。命都事刘正等往按，狱弗具。复遣参政张澍等杂治之，竟致斌等于死。斌有文学，达政术，副阿里海牙取荆湖、广海，屡建大功，多所全活。太子闻杀斌，方食，投箸恻然，遣使止之，不及。天下冤之。

十八年（辛巳、一二八一）闰八月，括江南户口税课。时京兆等路岁课，自一万九千已增至五万四千锭，阿合马犹以为未实，欲核之，上察其非而止。

十九年（壬午、一二八二）三月，益都千户王著杀阿合马于阙下。著因人心愤怨阿合马，密铸大铜锤，与妖人高和尚谋击杀之。时皇太子从帝如上都，而阿合马留守京师。著以太子素恶其奸，乃遣二西僧至中书，诈称皇太子还都作佛事。省中疑之。时高觿、张九思皆宿卫宫中，诘之，仓皇失对，遂执之，讯问不伏。及午，著复矫太子令，俾枢密副使张易发兵，夜会东宫。易不察，遽以兵往。觿问："果何为？"易附耳曰："太子来诛左相也。"既而省中遣使出迎，悉为伪太子所杀，夺其马入建德门。夜二鼓，至东宫前，立马呼省官至前，责阿合马数语，著即牵去，以所袖铜锤碎其脑，立毙。继呼郝祯至，杀之。因右丞（相）（据元史卷二〇五阿合马传、续纲目删）张惠。于是觿、九思开门大呼曰："此贼也。"叱卫士急捕之。留守博敦持梃击立马者坠地，众奔溃，多就擒。高和尚逃去，惟著挺身请囚。时帝在察罕脑儿，闻之，即遣和礼霍孙等归讨为乱者。获高和尚于高梁河，与王著、张易皆弃市。著临刑大呼曰：
"王著为天下除害，今死矣。异日必有为我书其事者！"复
以张易从著为乱，将传首四方。张九思曰："易应变不审则
有之，坐以与谋则过矣。乞免传首。"从之。

　　王恽曰：著激于义，捐一身为天下除害。事既露，
不去，自缚诣司败，以至临命，气不少挫，视死如归。
诚杀身成名，死而不悔者也。律以春秋诛乱臣贼子之
法，不以义与之可乎！

　　四月，诏戮阿合马尸，遂穷治其党。阿合马既死，帝
犹不深知其奸，及询枢密副使孛罗，乃尽得其罪恶，始大
怒曰："王著杀之诚是也。"命发冢剖其棺，戮尸于通玄门
外，纵犬食之。四民聚观称快。籍其家，得梫藏二人皮。
问之，其妾云："每咒诅时，置神坐于上。"又以帛二幅画
甲骑围守幄殿，兵皆张弦挺刃内向，状涉不轨。遂并诛其
子忽辛等四人。寻令中书悉罢黜其党与，凡汰其官省、部
者七百十四人，罢其滥设官府二百余所。又以郝祯、耿仁
党恶尤甚，命剖祯棺戮其尸，下耿仁于狱，诛之。

　　初，阿合马欲诬杀秦长卿、刘仲泽、亦麻都丁三人，
兵部尚书张雄飞力持不可。阿合马使人啖之曰："诚能杀此
三人，当处以参政。"雄飞曰："杀人以求大官，不能为
也。"阿合马怒，出为澧州安抚使。累迁御史中丞，行御史
台事。阿合马恐其子忽辛为江淮右丞不为所容，改陕西按
察使，未行，阿合马死，召拜参知政事。忽辛被逮，敕廷
臣杂问。忽辛历指宰执曰："汝尝受我家钱，何得问我！"

雄飞曰：“我曾受否？”曰：“公独无。”雄飞曰：“如是则我当问汝矣。”遂伏辜。

二十一年（甲申、一二八四）十一月，以安童为右丞相，卢世荣为右丞，史枢为左丞，撒的迷失、廉希恕并参知政事。初，阿合马专政，世荣以贿进为江西榷茶运使，以罪废。阿合马死，朝臣讳言利，无以副上意者，总制院使桑哥荐世荣才能富国，召问称旨，令与中书廷辨所欲行。右丞相和礼霍孙等皆以议不合罢去，故安童复为右丞相，而以世荣为右丞，史枢等皆世荣所荐也。世荣既入中书，即日奉诏理钞法之弊，自谓其生财有法，用其法当赋倍增而民不扰。翰林学士董文用谓之曰：“此钱取于右丞家耶？取之民耶？取于右丞家则吾不知，若取于民则有说矣。牧羊者岁尝两翦其毛，今牧人日翦以献，主者固悦其得毛之多，然羊无以避寒热，既死且尽，毛又可得乎？民财有限，右丞将尽取之，得无有日翦其毛之患乎！”世荣不能对。御史中丞崔彧亦极言世荣不可相，帝大怒，下彧吏，欲置之法，寻罢之。钞法者，中统二年，王文统请造中统元宝交钞，自十文至二贯文凡十等，不限年月，诸路通行，赋税并听收受，名交钞法。

二十二年（乙酉、一二八五）二月，立规措所。初，卢世荣言：“天下岁课钞九十万余，以臣经画之，不取于民，可增三百万。事未行而中外已非议，请与台、院面议上前行之。”帝曰：“不必如此，卿但言之。”世荣乃言：“自王文统后，钞法虚弊已久，宜括铜铸钱，并制绫券，与钞参行。泉、杭二州，宜立市舶转运司，给民钱，令商贩诸番，官取其息七，民取其三。各路虽设常平仓，名存实废，宜取权豪所擅铁冶铸器鬻之，以其息储粟平粜，则可均物价而获厚利。民间酒课太轻，宜官给钞行古榷酤法，仍禁民私酤，米一石取钞十贯，可得二十倍。国家以兵得天下，不藉馈粮，惟资羊马，宜于上都、隆兴诸路，买币帛易羊马，选蒙古人牧之，岁收其皮毛筋角酥酪之用，以十之二与牧者，而马以备军兴，羊以充赐予。”帝皆善而行之。至是，请立规措所，所司官吏以善贾为之。帝曰：“此何职？”世荣曰：“规画钱谷耳。”从之。又言：“天下能规运钱谷者，为阿合马所用，今悉以为污滥黜之。臣欲择而用之，惧有言臣私有罪者。”帝曰：“何必计此？第用其可用者。”于是擢用甚众。

三月，立真定等路宣慰司，兼都转运司，领课程事。卢世荣请于真定、济南、太原、甘肃、江西、江淮、湖广等处立宣慰司，兼都转运司，以治课程。仍严立条例，禁诸司不得沮挠检察。以宣德、王好礼并为浙西宣慰使。帝曰：“宣德，人多言其恶。”世荣言：“彼自陈能岁办钞七十余万锭，是以用之。”

四月，监察御史陈天祥劾中书右丞卢世荣罪恶。世荣居中书数月，恃委任之专，肆无忌惮，眇视丞相。左司郎中周戡因议事微有可否，诬以沮诏旨入奏，令杖一百，斩之。朝廷震慑，无敢言者。至是天祥上疏言：“世荣始为江西榷茶转运使，屡犯赃罪，动数万计。今竟不悛，狂悖尤甚，虽居丞辖，实专大政，恣行苛刻，大肆诛求，欲以一岁之期，致十年之积。考其行事，不副所言。始言能令钞法如旧，钞今愈虚；始言能令百物自贱，物今愈贵；始言不取于民，能令课程增三百万锭，今乃迫胁诸路官司虚增其数。凡若所为，动为民扰。脱不早有更张，须其自败，正犹蠹虽（自）〔就〕（据续纲目、薛鉴改）除，木病深矣。”疏闻，诏丞相以下杂问其罪，令世荣、天祥皆赴上都。于是御史中丞阿剌帖木儿等以世荣所招罪状上奏，世荣对于帝前，一一款服。诏安童与诸老臣议，“世荣所行，当罢者罢之，当更者更之。其所用人实无罪者，朕自裁决。”

九月，罢榷酤。初，民间酒听自造，米一石官取钞一贯。卢世荣以官钞五万锭立榷酤法，米一石取钞十贯，增旧十倍。至是罢之，听民自造。

十一月，卢世荣伏诛。世荣初以言利进，太子意深非之，曰：“财非天降，安能岁取盈乎。”桑哥素主世荣，闻太子言，默然不敢救。至是，世荣竟以诛死。

时帝春秋高，南台御史有上书请内禅者，台臣匿其章不敢闻，而阿合马之党塔即古阿（杀）〔散〕（据元史卷一三世祖纪、卷一七〇尚文传、续纲目、薛鉴改）等请收百司吏案，钩考天下钱谷，欲因以发之。都事尚文曰：“是欲上危太子，下陷大臣，其谋奸矣。”遂语御史大夫及丞相，先入言之，以夺其谋。帝震怒曰：“汝等无罪耶！”丞相进曰：“臣等无所逃罪。但此辈名载刑书而为此举，实摇动人心耳。”太子闻之，竟以忧惧殂。

二十三年（丙戌、一二八六）秋七月，免左丞相瓮吉剌带、平章政事阿必失合官，从总制（使）院〔使〕（据元史卷一四世祖纪、卷二〇五桑哥传、续纲目、薛鉴改）桑哥之言也。桑哥为人狡黠豪横，好言财利，帝深喜之，卢世荣诛，遂有大任之意。尝令具省臣姓名以进，帝曰："安童、郭（祐）〔佑〕（据元史卷二〇五桑哥传、续纲目改。下同）杨居宽等并仍前职，瓮吉剌带等其别议，仍选可代者以闻。"遂罢之。自是廷中有所建置，人才进退，桑哥咸与闻焉。

二十四年（丁亥、一二八七）闰二月，复置尚书省，以桑哥、铁木儿并为平章政事，阿鲁浑萨里为右丞，叶李为左丞，马绍参知政事。时麦术督丁言："自制国用使司改尚书省，颇有成效，今仍分两省为宜。"诏从之。安童谏曰："臣力不能回天，但乞不用桑哥，别选贤者，犹或不至虐民误国。"不听。

三月，行至元钞。桑哥以交钞及中统元宝，行之既久，物重钞轻，遂建议更造至元钞行之，自一贯至五十文，凡十有一等，每一贯文视中统钞五贯文。

十一月，以桑哥为尚书右丞相，阿鲁浑萨里平章政事，叶李为右丞，马绍为左丞。初，桑哥奉诏检核中书省亏欠钞六千余锭，参知政事杨居宽微自辨，以为实掌铨选，钱粮非所专。桑哥怒，令左右掌其颊，遂与郭（祐）〔佑〕皆引服。事闻，帝令丞相安童共议之，曰："此曹狡猾，无令他日得以胁问诬服为词。"由是（祐）〔佑〕、居宽皆坐弃市，籍其家，人咸冤之。时有江宁县达鲁花赤吴德者，愤言：“尚书今日钩考中书不遗余力，他日复为中书钩考，尔独不死耶！”或以告桑哥，乃捕德杀之。未几，帝问翰林诸臣，言：“以丞相领尚书省事，汉、唐有此制否？”咸曰：“有之。”而左丞叶李遽言：“前省臣所不能者，桑哥举能行之，宜以为丞相。”遂授桑哥尚书右丞相，进李右丞。

二十五年（戊子、一二八八）冬十月，遣使钩考诸路钱谷。初，桑哥摘委六部钩考百司仓库财谷，复以为不专其任，遂置征理司以主之。时理算之计行，入仓库司钱谷者无不破产，及当更代，人皆弃家避之。桑哥又言：“湖广钱谷已责偿于平章要束木。他省欺盗者必多，请以参知政事忻都等十二人理算江淮、江西、福建、四川、甘肃、安西六省耗失之数，给兵以卫其行。”诏皆从之。

十一月，立桑哥德政碑。时天下骚然，而江淮尤甚，谗佞之徒方且讽请立石为桑哥颂德。帝曰：“民欲立则立之，仍告桑哥，使之喜也。”碑成，树之省前，题曰王公辅政之碑。

时董文用为御史中丞，独不附。桑哥使人讽文用颂己功德，不答。又自谓文用曰：“百官皆具食丞相府矣。”亦不答。会朔方军兴，而征求愈急。文用曰：“民急矣。外难未除，而内伤其根本，丞相宜思之。”因持郡国所上盗贼之目，谓之曰：“百姓非不欲安乐，急法暴敛〔使〕（据元史卷一四八董文用传补）至此。御史台所以救时政之不及，丞相当有以助之，不当抑之也。”桑哥愈恨之，日撼台事潜于帝，言文用戆傲沮法，欲罪之。帝曰：“彼御史职也，何罪之有。”

二十六年（己丑、一二八九）十二月，<u>绍兴路</u>总管府判官<u>白絜矩</u>言：“宋宗室居<u>江南</u>非便，宜悉迁京师。”<u>桑哥</u>以闻。擢<u>絜矩</u>为尚书省舍人，遣诣<u>江南</u>，发兼并户偕宋宗室至京师。既而<u>江淮</u>行省言：“<u>江南</u>之民方患增课、料民、括马之苦，今此举必致人心摇动，宜且止。”从之。时<u>桑哥</u>专政，法令苛急，四方骚动。<u>程钜夫</u>入朝，上疏曰：“臣闻天子之职，莫大于择相；宰相之职，莫大于进贤。苟不以进贤为急，而惟以殖货为心，非为上为德、为下为民之意也。昔<u>汉文帝</u>以决狱及钱谷问丞相<u>周勃</u>，<u>勃</u>不能对。<u>陈平</u>进曰：‘陛下问决狱责廷尉，问钱谷责治粟内史。宰相上理阴阳，下遂万物之宜，外镇抚四夷，内亲附百姓。’观其所言，可以知宰相之职矣。今权奸用事，立尚书钩考钱谷，以剥割生民为务，所委任者率皆贪饕邀利之人。<u>江南</u>盗贼窃发，良以此也。臣窃以为宜清尚书之政，损行省之权，罢言利之官，行恤民之事，于国为便。”<u>桑哥</u>大怒，羁留京师不遣，奏请杀之，凡六奏，帝〔皆〕（据<u>元史</u>卷一七二<u>程钜夫</u>传、续纲目、薛鉴补）不许。

二十七年（庚寅、一二九〇）八月朔，日食。地大震，<u>武平</u>尤甚。

九月，<u>武平</u>地复大震，地陷，黑沙水涌出，坏官署四百八十间，民居不可胜计，压溺死伤者数十万人。帝深忧之。时驻跸<u>龙虎台</u>，遣<u>阿鲁浑萨里</u>召集贤、翰林两院官，询致灾之由。议者畏<u>桑哥</u>，但泛引经传五行灾异之言，莫敢指切时政。时桑哥遣忻都、王巨济等理算天下钱谷，已征者数百万，未征者尚数千万，民不聊生，自杀者相属，逃山林者则发兵捕之。于是集贤直学士赵孟頫因阿鲁浑萨里入奏于帝，谓须下诏蠲除，庶几天变可弭。帝从之，诏草已具，桑哥怒曰：“此必非帝意。”孟頫曰：“凡钱谷未征者，其人死亡已尽，何所从取？非及时除免之，他日言事者，倘以失陷钱谷数千万归咎尚书省，岂不为丞相深累耶！”桑哥悟，遂赦天下，民赖稍苏。

二十八年（辛卯、一二九一）春正月，桑哥及阿鲁浑萨里等以罪免。先是帝尝以叶李、留梦炎优劣问赵孟頫，孟頫对曰：“梦炎臣父执，其人重厚，笃于自信，好谋能断，有大臣器。叶李所读之书，臣皆读之，其所知所能，臣皆知之能之。”帝曰：“汝以梦炎贤于李耶？梦炎在宋为状元，位至丞相，当贾似道误国罔上，梦炎阿附取容，李布衣，乃伏阙上书，是贤于梦炎也。”孟頫退，谓奉御彻里曰：“上论贾似道误国，责留梦炎不言。桑哥罪甚于似道，而我等不言，他日何以辞其责？然我疏远之臣，言必不听。侍臣中读书知义理，慷慨有大节，又为上所亲信，无逾公者。夫捐一日之命，为万姓除残贼，仁者之事也。公必勉之！”时帝畋潄北，彻里乘间入言之，词语激烈。帝怒，谓其诋毁大臣，命卫士批其颊，血涌口鼻，委顿地上。少间，复呼而问之，辨愈力，曰：“臣与桑哥无仇，所以力数其罪而不顾身者，正为国家计耳。苟畏圣怒而不言，则奸臣何时除，民害何时息！”帝大悟，召不忽木问之，对曰：“桑哥雍蔽聪明，紊乱朝政，有言者即诬杀之。今百姓失业，盗贼蜂起，召乱在朝夕，非亟诛之，恐为陛下忧。"时廷臣言者益众，遂诏台、省相与辨驳之，桑哥词屈。帝曰："桑哥为恶，始终四年，台臣岂不知之。知而不言，当得何罪？"御史杜思敬曰："夺官追俸，惟上所裁。"遂斥罢台臣之久任者，免桑哥等官，命彻里帅卫士三百人籍桑哥家，得珍宝如内藏之半。阿鲁浑萨里以连坐，亦籍其资。

二月，罢征理司。诏下之日，百姓相庆，而各路钩考犹未尽罢。既而御史言："钩考钱谷，自中统至今，余三十年，更阿合马、桑哥当国，设法已极，而其党公取贿赂，民不能堪，不如罢之便。"诏从之，仍命取昔逋负钱谷文牍，聚置一室，非上命而窃视者罪之。

初，桑哥欲杀杨居宽、郭（祐）〔佑〕，刑部尚书不忽木争之不得，桑哥深忌之，谓其妻曰："他日籍我〔家〕（据元史卷一三〇不忽木传、续纲目、薛鉴补）者，必此人也。"因其退食，责以不入曹治事，欲加之罪，遂以疾免。至是，帝欲用为相，谓之曰："朕过听桑哥，致天下不安，今虽悔之已无及。朕识卿，幼时使（学）从〔学〕（据同上书改），政欲备今日之用。"不忽木曰："朝廷勋旧，齿爵居臣右者尚多，今不次用臣，无以服众。"帝曰："然则孰可？"曰："太子詹事完泽可。向者籍阿合马家，其赂遗近臣，皆有簿籍，惟无完泽名。又尝言桑哥为相必败国事，今果如其言，是以知其可也。"乃拜完泽右丞相，不忽木平章政事。

三月，仆桑哥辅政碑。初，帝命翰林学士阎复撰文，复至是已改廉访使，亦坐免。

夏四月，中书省臣麦术督丁、崔彧言："桑哥当国四年，中外百官鲜〔有〕（据元史卷一七三崔彧传、续纲目、薛鉴补）不以贿而得者，昆弟、故旧、亲族皆授要官美地，惟以欺蔽九重，朘削百姓为事。宜令两省严加考核，凡入其党者，并除名为民。"从之。

湖广平章政事要束木者，桑哥妻党也，尤为不法。逮至京师，籍其家赀，黄金至四千两。遂诏下桑哥狱，复系要束木还湖广，诛之。初，要束木因人言湖广初附时，郡县长吏及吏胥富人，比屋敛银，将输之官，银已具而事中止，即不令责民自实。使者旁午，随地置狱，株连蔓引，备极惨酷，民以拷掠瘐死者载道。所获不赀，要束木悉掩有之。使至永州，判官乌古孙泽宛曲以利害晓之，卒无所扰。既见钩考日急，天下骚动，叹曰："民不堪命矣！"即（曰）〔自〕（据元史卷一六三乌古孙泽传、续纲目、薛鉴改）上计行省。要束木怒曰："郡国钱粮无不增羡，永州何独不然？此直孙府判倚其才辨慢我。"亟拘系之，欲置于死。至是，因桑哥败，始得释。

秋七月，扬州路学正李淦上言："叶李本一黠徒，方受上知，即以举桑哥为第一事。致以非罪诛贬大臣，遣使四出，钩考钱谷，民怨而盗发，天怒而地震，水灾荐至。人皆知桑哥用群小之罪，而不知叶李妄举桑哥之罪。宜斩叶李以谢天下。"召淦诣京师置对，淦至而李卒。除淦江阴路教授，以旌直言。给还行台御史周祚妻子。祚尝劾桑哥，流祚于憨答孙，妻子家赀入官，至是还之。是月，桑哥伏诛。

二十九年（壬辰、一二九二）三月，诛桑哥党纳速剌丁等。初，桑哥既败，纳速剌丁灭里、忻都、王巨济等俱逮下狱。至是，御史台言其"党比桑哥，恣为不法。理算江南钱谷，极其酷虐，民嫁妻卖女，殃及亲邻，维扬、钱塘受祸最惨，无辜死者五百余人。天下之人莫不思食其肉。今三人既已伏辜，乞诛之以谢天下。"帝以忻都长于理财，欲释之，不忽木力争不可，日中凡七奏，卒并诛之。时麦术督丁请复立尚书省，专领右三部。不忽木曰："阿合马、桑哥相继误国，身诛家灭。前鉴未远，奈何又欲效之乎！"事遂寝。

五月，中书省臣言："妄人冯子振尝为诗誉桑哥，及桑哥败，即告词臣撰碑引谕失当。国史院编修陈孚发其奸状。"帝曰："词臣何罪？必以誉桑哥为罪，则在廷诸臣谁不誉之，朕亦尝誉之矣。"是月，诏以杨居宽、郭（祐）〔佑〕死非其罪，给还其（身）〔家〕（据元史卷一七世祖纪、薛鉴改）赀。

成宗元贞元年（乙未、一二九五）五月，省臣言："阿合马、桑哥怙势卖官，不别贤否，选法大坏。"乃诏麦术督丁与何荣祖等厘正之。

元史纪事本末卷八

科举学校之制

世祖至元二十一年（甲申、一二八四）十一月，诏议立科举法，不果行。元自太宗下中原，用耶律楚材议，命朝臣历诸路考试，以论及经义、词赋分为三科，作三日程，专治一科，能兼者听。得东平杨英等若干人，皆一时名士。而廷议或以为非便，事复中止。至元初，丞相史天泽、学士王鹗屡请帝以科举取士，诏令中书议定程式。又请依前代立国学，选蒙古人诸职官子孙百人教习，俟其艺成，然后试用。皆未及施行。至是，丞相和礼霍孙与留梦炎等复言："天下习儒者少，而由刀笔吏得官者多。"帝曰："将若之何？"对曰："惟贡举取士为便。凡蒙古之士及儒吏、阴阳、医术，皆令试举，则用心为学矣。"帝可其奏。继而许衡亦议学校科举之法，罢诗赋，重经学，定为新制。会和礼霍孙罢，事遂止。

二十四年（丁亥、一二八七）闰二月，初置国子监，以耶律有尚为祭酒。初，太宗设总教国子之官。至元初，以许衡为祭酒，而侍臣子弟就学者才十余人。衡既去，教益废，而学舍未建，师生寓居民舍。国子司业耶律有尚屡以为言，始立国子监，设监官，增广弟子员，遂以有尚为祭酒。

设江南各路儒学提举司。时江南诸县各置教谕二人，又用廷臣议，诸道各置提举司，设提举儒学二人，统诸路、府、州、县学祭祀钱粮之事。未几，复从桑哥等言，钩考江南学田所入羡余，贮集贤院，以给有才艺之士。

二十六年（己丑、一二八九）秋八月，始置回回国子学。

二十七年（庚寅、一二九〇）春正月，敕从臣子弟入国子学。

立兴文署，掌经籍版及江南学田钱谷。

二十八年（辛卯、一二九一）春正月，令江南诸路学及各县学内设立小学，选老成之士教之。其他先儒过化之地，名贤经行之所，与好事家出钱粟赡学者，并立为书院。凡师儒之命于朝廷者，曰教授，路、府、上中州置之；命于礼部及行省及宣慰司者，曰学正、山长、学录、教谕，路、州、县及书院置之。

成宗元贞元年（乙未、一二九五）三月，增置蒙古学政，以肃政廉访司领之。

秋七月，诏申饬中外，有儒吏兼通者，各路举之廉访司，每道岁贡二人，省、台立法考试，中程者用之。所贡不公，罪其举者。

大德八年（甲辰、一三〇四），增蒙古国子生（三）〔二〕（据元史卷二一成宗纪、续纲目、薛鉴改）百员，选宿卫大臣子弟充之。

武宗至大元年（戊申、一三〇八），召吴澄为国子监丞。先是许衡为祭酒，学者兴起，久之渐失其旧。澄至，诸生以次授业。日昃，退燕居之室，执经问难者接踵而至。澄各因其材质，反覆训诲之。

四年（辛亥、一三一一）夏四月，敕："国子监师儒之职，有才德者不拘品级选用。"初，帝命李孟领国子学，谕之曰："国学，人材所自出，卿宜数课诸生，勉其德业。"又尝谕省臣曰："昔世祖注意国学，如不忽木等皆蒙古人，而教以成材。朕今亲定国子生为三百人，仍增陪堂生二十人，通一经者以次补伴读，著为式。"至是，孟等言："方今进用儒者，而老成日以凋谢，四方儒士有成材者，请擢任国学、翰林、秘书、太常或儒学提举等职，俾学者有所激劝。"帝从之。

仁宗皇庆元年（壬子、一三一二）二月，以吴澄为司业。澄用宋程颢学校奏疏，胡瑗六学教法，朱熹学校贡举私议，约之为教法四条：一曰经学，二曰行实，三曰文艺，四曰治事。未及行。又尝为学者言，朱子于"道问学"之功居多，而陆子静以"尊德性"为主。问学不本于德性，则其弊必偏于言语训释之末，故学必以德性为本，庶几得之。议者遂以澄为陆氏之学，非许氏尊信朱子本意，然亦莫知朱、陆之为如何也。澄一夕谢去，诸生有不谒告而从之南者。俄拜集贤直学士，以疾不赴。

二年（癸丑、一三一三）冬十月，中书省臣上言："科举事，世祖朝屡尝命（下）〔行〕（据元史卷八一选举志、王圻续通考卷四四选举考改），成宗、武宗寻亦有旨，今不以闻，恐或有沮其事者。夫取士之法，经学实修己治人之道，词赋乃摛章绘句之学，自隋、唐以来，取人专尚词赋，故士习浮华。今臣等所拟，将律赋省题诗小（赋）〔义〕（据同上书改）皆不用，专立德行（习）〔明〕（据同上书改）经科，以此取士，庶可得人。"帝然之。

十一月，下诏曰："惟我祖宗以神武定天下，世祖皇帝设官分职，征用儒雅，崇学校为育材之地，议科举为取士之方，规模弘远矣。朕以眇躬，获承丕祚，继志述事，祖训是式。若稽三代以来，取士各有科目，要其本末，举人宜以德行为首，试艺则以经术为先，词章次之，浮华过实，朕所不取。爰命中书，参酌古今，定其条制。其以皇庆三年八月，天下郡县举其贤者能者，充赋有司。次年二月，会试京师，中选者朕将亲策焉。科场，每三岁一次开试。举人，从本贯官司于诸色户内推举，年及二十五以上，乡党称其孝弟，朋友服其信义，经明行修之士，以（次）〔礼〕（据同上书改）敦遣。其或徇私滥举，并应举而不举者，监察御史、肃政廉访司体察究治。考试程式，蒙古、色目人第一场经问五条，大学、论语、孟子、中庸内设问，用朱氏章句、集注。其义理精明，文词典雅者，为中选。
第二场策一道，以时务出题，限五百字以上。汉人、南人
第一场明经、经疑二问，大学、论语、孟子、中庸内出题，
并用朱氏章句、集注，复以己意结之，限三百字以上。经
义一道，各治一经，诗以朱氏为主，尚书以蔡氏为主，周
易以程氏、朱氏为主，以上三经，兼用古注疏，春秋许用
三传及胡氏传，礼记用古注疏，限五百字以上，不拘格
〔律〕（据元史卷八一选举志补）。第二场古赋、诏诰、章表内
科一道，古赋、诏诰用古体，章表四六，参用古体。第三
场策一道，经史时务内出题，不矜浮藻，惟务直述，限一
千字以上。蒙古、色目人愿试汉人、南人科目，中选者加
一等注授。蒙古、色目人作一榜，汉人、南人作一榜。第
一名赐进士及第，从六品，第二名以下及第二甲，皆正七
品，三甲皆正八品，两榜并同。"

　　时朝廷方以科举取士，说者谓治平可立致，集贤修撰
虞集独谓当治其源，因会议学校，乃上议曰："师道立则善
人多。学校者，士之所受教以至于成德达材者也。今天下
学官，猥以资格授，强加之诸生之上，而名之曰师耳，有
司弗信之，生徒弗信之，于学校无益也。如此而望师道之
立，可乎？下州小邑之士无所见闻，父兄所以导其子弟，
初无必为学问之实意，师友之游从亦莫辨其邪正，然则所
谓贤材者，非自天降地出，安有可望之理哉！为今之计，
莫若使守令求经明行修成德者，身师尊之，至诚恳恻以求
之，其德化之及，庶乎有所观感也。其次则求夫操履（方）

〔近〕（据元史卷一八一虞集传、薛鉴改）正而不为诡异骇俗者，确守先儒经义师说而不敢妄为奇论者，众所敬服而非乡愿之徒者，延致之日，讽诵其书，使学者习之，入耳著心，以正其本，则他日亦当有所发也。其次则取乡贡至京师罢归者，其议论文艺犹足以耸动其人，非若泛泛莫知根柢者矣。"

延祐元年（甲寅、一三一四）十二月，复以齐履谦为国子司业。初，履谦与吴澄俱在国学，既罢去，学制稍废。至是，复以履谦为司业。乃酌旧制，议立升斋积分之法。每季考其学行，以次（第）〔递〕（据元史卷一七二齐履谦传改）升，既升上斋，逾再岁始与私试，辞理俱优者一分，辞平理优者为半分，岁终积至八分者为高等，礼部、集贤岁选六人以贡。帝从其议。

二年（乙卯、一三一五）三月，廷试进士，赐护都沓儿、张起岩等及第、出身有差。

夏四月，赐进士恩荣宴于翰林院。又赐会试下第举人七十以上从七品流官致仕，六十以上府州教授，余并授山长、学正。

泰定帝泰定二年（乙丑、一三二五）闰正月，诏："以近岁公卿大夫子弟与凡民之子入学者众，其学官及生员五十余人，已给廪膳者二十七人外，助教一人、生员二十四人廪膳，并令给之。学之建置在于国都，凡百司庶府所设译（吏）〔史〕（据元史卷八一选举志改），皆从本学取以充之。"

顺帝元统二年（甲戌、一三三四）三月，诏："科举取士，国子学积分，〔悉依累朝旧制〕（据元史卷三八顺帝纪补）。学校官选有德行学问之人以充。”

至元元年（乙亥、一三三五）十一月，诏罢科举。初，彻里帖木儿为江浙平章，会科举，驿请考官，供张甚盛，心不能平。及复入中书省，首议罢科举，及论学校庄田租可给宿卫士衣粮，动当国者以发其机，又欲损太庙四祭为一。于是御史吕思诚等列其罪状〔劾之〕（据元史卷一四二彻里帖木儿传、续纲目补），不报，而思诚出为广西佥事。时罢科举诏已书而未用玺，参政许有壬争之，丞相伯颜怒曰：“汝风台臣言彻里帖木儿耶！”有壬曰：“太师擢彻里帖木儿在中书，御史三十人不畏太师而听有壬，岂有壬权重于太师耶？”伯颜意稍解。有壬乃曰：“科举若罢，天下才人觖望。”伯颜曰：“举子多以赃败。”有壬曰：“科举未行时，台中赃〔罚〕（据同上书改）无算，岂尽出于举子？”伯颜曰：“举子中可任用者，惟参政耳。”有壬曰：“若张（伯诚）〔梦臣〕（据同上书改）、马伯庸辈，皆可任大事。如欧阳玄之文章，亦岂易及。”伯颜曰：“科举虽罢，士之欲求美衣食者，自能向学。”有壬曰：“为士者初不事衣食。”伯颜曰：“科举取人，实妨选法。”有壬曰：“今通事、知印等，天下凡三千三百余名，今岁自四月至九月，白身补官受宣者亦且七十（三）〔二〕（据同上书改）人，而科举一岁仅三十余人。科举于选法果相妨乎？否也。”伯颜不听。翼日宣诏，特令有壬为班首以折辱之，有壬惧祸不敢辞。治书侍御史溥化消有壬曰：“参政可谓过（桥）〔河〕（据同上书改）拆桥者矣。"有壬以为大耻，移疾不出。

六年（庚辰、一三四〇）十二月，诏复行科举。时科举既辍，翰林学士承旨（巎巎）〔巎巎〕（据元史卷三四文宗纪、元史类编卷二二本传改。巎音挠）从容言曰："古昔取人才以济世用必由科举，何可废也。"帝纳其言，复诏行之。国子监积分生员，三年一次依科举例入会试，中者取一十八名。

初，世祖下云南，以赛典赤为行省平章政事。时云南俗无礼仪，男女往往自相配合，亲死则火之，不为丧祭，子弟莫知读书者。赛典赤始教民跪拜之节，婚姻行媒，死者为之棺椁奠祭，创建孔子庙明伦堂，购经史，置学田。其后赛典赤子忽辛相继为行省右丞，复请下云南诸路，遍立孔子庙，选经学之士为之教官，而文风始兴。元世学校之盛，远被遐荒，亦自昔所未有云。

史臣曰：元初，太宗始得中原，辄用耶律楚材言，以科举选士。世祖既定天下，王鹗献计，许衡立法，事未果行。至仁宗延祐间，始斟酌旧制而行之，取士以德行为本，试艺以经术为先，士袖然举首应上所求者，皆彬彬辈出矣。然当时仕进有多歧，铨衡无定制。其出身于学校者，有国子监学，有蒙古字学、回回国学，有医学，有阴阳学。其策名于荐举者，有遗逸，有茂异，有求言，有进书，有童子。其出于宿卫、勋臣之家者，待以不次。其用于宣徽、中政之属者，重为内官。又荫叙有循常之格，而超擢有选用之科。由直省、侍仪等入官者，亦名清望。以仓庾、赋税任事者，例视冗职。捕盗者以功叙，入粟者以赀进，至于工匠皆入班资，而舆隶亦跻流品。诸王、公主，宠以投下，俾之保任。远夷、外徼，授以长官，俾之世袭。凡若此类，殆所谓吏道杂而多端与。矧夫儒有岁贡之名，吏有补任之法。曰掾史、令史，曰书写、铨写，曰书吏、典吏，所设之名，未易枚举。曰省、台、院、部，曰路、府、州、县，所入之途，难以指计。虽名卿大夫，亦往往由是跻要阶，受显爵，而刀笔下吏，遂至窃权势，舞文法矣。故其铨选之备，考核之精，曰随朝、外任，曰省选、部选，曰文官、武官，曰考数，曰资格，一毫不可越。而或援例，或借资，或优升，或回降，其纵情破律，以公济私，非至明者不能察焉。是皆文繁吏弊之所致也。

元史纪事本末卷九

郊　议

　　成宗大德六年（壬寅、一三〇二）三月，合祭昊天上帝、皇地祇、五方帝于南郊，遣左丞相哈剌哈孙行事。先是，国俗代有拜天之礼，衣冠器用，皆从其初。宪宗二年秋，始以衮冕拜天于日月山。（其冬）（按：元史卷七二祭祀志记此事在秋八月，原文作"其十二日"，本书误以"日"字为"月"字，写成"其冬"，故删）又用孔氏子孙元措议，合祭昊天、后土，始大合乐，作牌位，以太祖、睿宗配。世祖中统二年夏，亲征北方，躬祀天于旧（檀）〔桓〕州（据元史卷七二祭祀志、王圻续通考卷一〇四郊社考改）之西北，洒马潼以为礼，皇族外不得与，尽如国俗。至元十二年冬，以受尊号，遣使豫告天地，下太常检讨唐、宋、金旧仪，于国阳丽正门东南七里筑台，设昊天上帝、皇地祇位二，行一献礼。自后国有大典礼，皆即南郊告谢焉。十三年夏，以下江南遣使告天地，中书下太常议定仪物以闻。制曰："其以国礼行事。"三十一年，帝即位。夏，始为坛于都城南七里，遣司徒兀都带率百官为大行皇帝请谥南郊，为告天请谥之始。至是年三月，乃合祭昊天、皇地祇、五方帝于南郊，遣左丞相哈剌哈孙摄事，是为摄（事）〔祀〕（据元史卷七二祭祀志改）天地之始。

九年（乙巳、一三〇五）二月，复定郊祀礼。丞相哈剌哈孙等言："祈天保民之事，有天子亲祀者三：曰天，曰祖宗，曰社稷。今宗庙、社稷，岁时摄官行事。祭天，国之大事也，陛下虽未及亲祀，宜如宗庙、社稷，遣官摄祭，岁用冬至，有司豫备仪物，至期以闻。"制下翰林、集贤、太常礼官皆会中书集议。议曰："周礼，冬至圜丘惟祀昊天上帝。至西汉元始间，始合祭天地。历东汉至宋，千有余年，分祭合祭，迄无定论。时既不同，礼乐亦异，王莽之制，何足法也。今当循唐、虞、三代之典，惟祀昊天上帝。其方丘祭地之礼，续议以闻。"又："按周礼坛壝三成，近代增四成，以广天文从祀之位。今宜去其一成，以合阳奇之数。每成高八尺一寸，以合乾之九九。坛设丙巳之地，以就阳位。"又："古者器用陶匏，席用藁秸，以祀天。唐、宋而后，礼乐玉帛日益繁缛，宋、金多循唐礼。今欲修严，非仓卒所能备举，宜取唐制损益而行之。"既而太常复议尊祖配天之仪，省臣曰："自古汉人有天下，率尊祖以配天。今宗庙已有时享，郊祭止天为宜。"中丞何玮曰："严父配天，不易之制也。”不从。是岁郊祀，配位遂省。

武宗<u>至大</u>二年（己酉、一三〇九）冬十月，复议郊祀礼。尚书省臣及太常礼官言：“郊祀者国之大礼，今南郊之礼已行而未备，北郊之礼尚未举行。今年冬至南郊，请以<u>太祖圣武皇帝</u>配享。明年夏至北郊，以<u>世祖皇帝</u>配。”帝皆是之。

三年（庚戌、一三一〇）春正月，议北郊从祀、朝日夕月礼。博士<u>李之绍</u>、<u>蒋汝砺</u>议曰：“按方丘之礼，<u>夏</u>以五月，<u>商</u>以六月，<u>周</u>以夏至，其丘在国之北，礼神之玉以黄琮，牲用黄犊，币用黄缯，配以<u>后稷</u>。其方坛之制，<u>汉</u>去都城四里，为坛四陛；<u>唐</u>去宫城北十四里，为方坛（北）〔八〕（据同上书改）角三成；<u>宋</u>至<u>徽宗</u>始定为再成。历代制虽不同，然无出于三成之式。今拟取坤数用六之（议）〔义〕（据同上书改），去都城北六里，于壬地选善地，于中为方坛，三成四陛，外为三壝。仍依古制，于外壝之外，治四面稍低下，以应泽中之制。宫室、墙垣、器皿色并用黄。其神州地祇以下从祀，自<u>汉</u>以来，历代制度不一，至<u>唐</u>始因<u>隋</u>制，以岳镇、海渎、山林、川泽、丘陵、坟衍、原隰，各从其方从祀。今盍参酌举行。”九月，太常礼院复下博士检讨仪物。是年十一月，有事于南郊，以<u>太祖</u>配，五方帝、日、月、星、辰从祀。

仁宗<u>延祐</u>元年（甲寅、一三一四）夏四月，太常寺复请立北郊，帝不从，北郊之议遂辍。

英宗<u>至治</u>二年（壬戌、一三二二）九月，诏议南郊祀事。

中书平章买闾，御史中丞曹立，礼部尚书张野，学士蔡文渊、袁桷、邓文原，太常礼仪院使王纬、田天泽，博士刘致等，会都堂议。

一曰年分。按前代多三年一祀，天子即位已及三年，（常）〔当〕（据王圻续通考卷一○四郊社考改）有旨钦依。

二曰神位。周礼大宗伯："以禋祀祀昊天上帝。"〔注谓："昊天上帝〕（据元史卷七二祭祀志补），冬至圜丘所祀天皇大帝也。"又〔曰〕（据同上书补）："苍璧礼天。"注云："此礼天以冬至，谓天皇大帝也。在北极，谓之北辰。"又云："北辰，天皇耀魄宝也，又名昊天上帝，又名太一帝君，以其尊大，故有数名。"今按晋书天文志，中宫"钩陈〔口〕（据同上书补）中一星曰天皇大帝，其神耀魄宝。"周礼所祀天神正言昊天上帝，郑氏以星经推之，乃谓即天皇大帝。然汉、魏以来，名号亦复不一。汉初曰上帝，曰太一，曰皇天上帝。魏曰皇皇帝天。梁曰天皇大帝。惟西晋曰昊天上帝，与周礼合。唐、宋以来，坛上既设昊天上帝，第一等复有天皇大帝，其五（大）〔天〕（据同上书改）帝与太一、天一等，皆不经见。本朝大德（元）〔九〕（据同上书改）年中书圆议，止依周礼祀昊天上帝。至大三年圆议，五帝从享，依前代通祭。

三曰配位。孝经曰："孝莫大于严父，严父莫大于配天。"又曰："郊祀后稷以配天。"此郊之所以有配也。汉、唐以下，莫不皆然。至大三年冬十月三日奉旨，十一月冬至，合祭南郊，太祖皇帝配。圆议，取旨。

四曰告配。礼器曰："鲁人将有事于上帝，必先有事于頖宫。"注："告后稷也，告之者将以配天也。"告用牛一。宋会要于致斋二日，诣庙告配，凡遣官牺尊豆笾，行一献礼。至大三年十一月冬至日，以质明行事，初献，摄太尉同太常礼仪院官诣太庙奏告。圆议，取旨。

五曰大裘冕。周礼，司裘"掌为大裘，以共王祀天之服"。郑司农云："黑羊裘服以祀天，尚质也。"弁师"掌王之五冕"。注："冕服有六而言五者，大裘之冕盖无旒，不联数也。"礼记郊特牲曰："郊之祭也，迎长日之至也。祭之日，王被衮以象天，戴冕〔璪〕（据王圻续通考卷一〇四郊社考及礼记原文补）十有二旒，则天数也。"陆佃曰："礼不盛服不充，盖服大裘以衮袭之也，谓冬祀服大裘，被之以衮。"开元及开宝通礼，鸾驾出宫，服衮冕至大次，质明，改服大裘冕而出次。宋会要，绍兴十三年，车驾自庙赴青城，服通天冠、绛纱袍。祀日，服大裘衮冕。圆议用衮冕，取旨。

六曰匏爵。郊特牲曰："郊之祭也，器用陶匏，以象天地之性也。"注谓："陶，瓦器。匏，用酌献酒。"开元礼、开宝礼皆有匏爵。大德九年，正、配位用匏爵有（站）〔坫〕（据同上书改）。圆议，正位用匏，配位饮福用玉爵，取旨。

七曰戒誓。唐通典引礼经，祭前期十日，亲戒百官及族人，太宰总戒群官。唐前祀七日，宋会要十日。纂要，太尉南向，司徒亚终献、一品二品从祀北向，行事官以次北向，礼直官以誓文授之太尉读。今天子亲行大礼，止令礼直局管勾读誓文。圆议，令管勾代太尉读誓，刑部尚书莅之。

八曰散斋、致斋。礼经前期十日，唐、宋、金皆七日，散斋四日，致斋三日。国朝亲祀太庙七日，散斋四日于别殿，致斋三日于大明殿。圆议依前七日。

九曰藉神席。郊特牲曰："莞簟之安，而蒲越藁鞂之尚。"（按）〔注〕（据元史卷七二祭祀志改）："蒲越藁鞂，藉神席也。"汉旧仪，高帝配天绀席，祭天用六彩绮席六重。成帝即位，丞相衡、御史大夫谭以为天地尚质，宜皆勿修，诏从焉。唐麟德二年，诏曰："自处以厚，奉天以薄，改用祖褥。上帝以苍，其余各视其方色。"宋以褥加席上，礼官以为非礼，元丰元年奉旨不设。国朝大德九年，正位藁鞂，配位蒲越，冒以青缯。至大三年，加青绫褥，青锦方〔座〕（据同上书补）。圆议，合依至大三年于席上设褥，各依方位。

十曰（特）〔牺〕（据同上书改）牲。郊特牲曰："郊特牲而社稷太牢。"又曰："天地之牛角茧栗。"秦用骝驹。汉文帝五帝共一牲。武帝三年一祀，用太牢。

光武采元始故事，天地共犊。隋上帝、配帝，（用）〔苍〕（据同上书改）犊二。唐开元用牛。宋正位用苍犊一，配位太牢一。本朝大德九年，苍犊二，羊豕各九。至大三年，马纯色肥腯一，牲正副一，鹿一十八，野猪一十八，羊一十八。圆议依旧仪，神位配位用犊外，仍用马，其余并依旧日已行典礼。

十一曰香鼎。大祭有三，始烟为歆神，始宗庙则焫萧祼鬯，所谓臭阳达于墙屋者也。后世焚香盖本乎此，而非礼经之正。至大三年，用陶瓦香鼎五十，神座香鼎、香盒案各一。圆议依旧仪。

十二曰割牲。周礼司士："凡祭祀，帅其属而割牲，羞俎豆。"又诸子："大祭祀，正六牲之体。"礼运云："腥其俎，熟其肴。""体其犬豕牛羊。"注云，"腥其俎，谓豚解而腥之"，为七体也。"熟其肴，谓体解而焖之"，为二十一体也。"体其犬豕牛羊，谓分别骨肉之贵贱以为众俎也。"七体谓脊、两肩、两拍、两髀。二十一体谓肩、臂、臑、膊、骼、正脊、脡脊、横脊、正胁、短胁、代胁并肠三、胃三、拒肺一、祭肺三也。宋元丰三年详定礼文所言："古者祭祀用牲，有豚解，有体解。豚解则为七以荐腥，体解则为二十一以荐熟。"盖犬豕牛羊分别骨肉贵贱，其解之为体则均也。皇朝马牛羊豕鹿，并依至大三年割牲用国礼。圆议依旧仪。

十三曰大次、小次。周礼掌次："王旅上帝，张毡

（按）〔案，设皇邸〕（据钦定续通考卷六六郊社考及周礼原文改补）。"唐通典："前祀三日，尚舍直长施大次于外墙东门之内道北，南向。"宋会要："前祀三日，仪鸾司帅其属，设大次于外墙东门之内道北，南向；小次于午阶之东，西向。"曲礼曰："践阼，临祭祀。"正义曰："阼，主阶也。天子祭祀，履主阶行事，故云践阼。"宋元丰详定礼文所言："周礼，宗庙无设小次之文。古者人君临位于阼阶。"盖阼阶者东阶也，惟人主得位主阶行事。今国朝太庙仪注，大次、小次皆在西，盖国家尚右，以西为尊也。圆议依祀庙仪注。

续具未议。

一曰礼神玉。周礼大宗伯："以禋祀祀昊天上帝。"注："禋之言烟也。周人尚臭，烟气之臭闻者，积柴实牲体焉，或有玉帛。"正义曰："或有玉帛，或不用玉帛，皆不定之辞也。"崔氏云，天子自奉玉帛牲体于柴上，引诗"圭璧既卒"，是燔牲玉也。盖卒者终也，谓礼神既终，当藏之也。正经即无燔玉明证。汉武帝祠太乙，胙余皆燔之，无玉。晋燔牲币，无玉。唐、宋乃有之。显庆中，许敬宗等修旧礼，乃云郊天之有四圭，犹宗庙之有圭瓒也，并事毕收藏，不在燔列。宋政和礼制局言："古祭祀无不用玉。周官，典瑞'掌玉器之藏'。盖事已则藏焉，有事则出而复用，未尝有燔瘗之文。今后大祀，礼神之玉，时出而用，无得燔瘗。"从之。盖燔者取其烟气之臭闻，玉既无烟，又且无气，祭之日但当奠于神座，既卒事则收藏之。

二曰饮福。特牲馈食礼曰："尸九饭，亲嘏主人。"少牢馈食礼："尸十一饭，尸嘏主人。"嘏，长也，大也。行礼至此，神明已飨，盛礼俱成，故膺受长大之福于祭之末也。自汉以来，人君一献才毕而受嘏。唐开元礼，太尉未升堂而皇帝饮福。宋元丰三年，改从亚终献，既行礼，皇帝饮福受胙。国朝至治元年，亲祀庙仪注，亦用一献毕饮福。

三曰升烟。禋之言烟也，升烟所以报阳也。祀天之有禋柴，犹祭地之瘗血，宗庙之裸鬯。历代以来，或先燔而后祭，或先祭而后燔，皆为未允。祭之日，乐六变而燔牲首，牲首亦阳也。祭终，以爵酒馔物及牲体燎于坛。天子望燎，柴用柏。

四曰仪注。礼经出于秦火之后，残阙脱漏，所存无几。至汉，诸儒各执所见，后人所宗，惟郑康成、王子雍，而二家自相矛盾。唐开元礼、杜佑通典，五礼略完。至宋，开宝礼并会要与郊庙奉祠礼文，中间讲明始备。金国大率依唐、宋制度。圣朝四海一家，礼乐之兴，政在今日。况天子亲行大礼，所用仪注，必合讲求。大德九年，中书集议，合行礼仪依唐制。至治元年已有祀庙仪注，宜取大德九年、至大三年并今次新仪，与唐制参酌增损修之。侍仪司编排卤簿，太史院具报星位，分献官员数及行礼并诸执事官，合依至大三年仪制，亚终献官，取旨。

是岁，太皇太后崩，有旨，冬至南郊祀事可权止。

文宗至顺元年（庚午、一三三〇）冬十月辛酉，帝始服大裘衮冕，亲祀昊天上帝于南郊，以太祖配。盖自世祖混一六合，至是凡七世，南郊亲祀之礼，始克举行焉。

元史纪事本末卷十

庙祀之制

世祖至元十七年（庚辰、一二八〇）十二月甲午，始迁太祖以下神主于太庙。国俗，祖宗祭享之礼，割牲奠马湩，以蒙古巫祝致辞。帝即位之元年，设神主于中书省，用登歌乐，遣必阇赤致祭焉。必阇赤，译言典书记者。二年，从中书署奉迁神主于圣安寺之瑞像殿。四年，诏建太庙于燕京。至元元年冬，奉安神主于太庙。初定太庙七室之制。皇祖、皇祖妣第一室，皇伯考、伯妣第二室，皇考、皇妣第三室，皇伯考、伯妣第四室，皇伯考、伯妣第五室，皇兄、皇后第六室，皇兄、皇后第七室。凡室以西为上，以次而东。二年冬，享于太庙，尊皇祖为太祖。三年秋，始作八室神主，设祧室。丞相安童、伯颜言："祖宗世数，尊谥、庙号，配享功臣，增祀四世各庙神主，七祀神位，法服、祭器等事，皆宜以时定。"乃命平章政事赵璧等集议，制〔尊〕（据元史卷七四祭祀志补）谥及庙号，定为八室：烈祖神元皇帝、皇曾祖妣宣懿皇后第一室，太祖圣武皇帝、皇祖妣光献皇后第二室，太宗英文皇帝、皇伯妣昭慈皇后第三室，皇伯〔考〕（据王圻续通考卷一一一宗庙考补）术赤、皇伯妣别土出迷失第四室，皇伯考察合带、皇伯妣也速伦第五室，皇考睿宗景襄皇帝、皇妣庄圣皇后第六室，定宗简平皇帝、钦淑皇后第七室，宪宗桓肃皇帝、贞节皇后第八室。是年奉安神主于祔室，岁用冬祀，如初礼。四年，初定一岁十二月荐新时物。六年冬，时享毕，复命国师僧荐佛事于太庙七昼夜。始造木质金表牌位十有六，设大榻金椅，奉安祔室前。为太庙荐佛事之始。十三年，改作金主，太祖主题曰"成吉思皇帝"，睿宗题曰"太上皇也可那颜"，皇后皆题名讳。十四年秋，诏建太庙于大都。博士言："古者庙制率都宫别殿，西汉亦各立庙，东都以中兴崇俭，故七室同堂，后世遂不能革，非礼。"遂以古今庙制画图贴说以闻。至是始告迁于太庙，命承旨和礼霍孙，太常卿太出、秃忽思等以祔室内栗主八位，并日月山板位，圣安寺木主俱迁，奉太祖、睿宗二室金主于新庙（奉）安〔奉〕（据元史卷七四祭祀志改），遂大享焉。撤旧庙毁之。

十八年（辛巳、一二八一）春，博士李时衍等言："历代庙制，俱各不同。欲尊祖宗，当从都宫别殿之制；欲崇俭约，当从同堂异室之制。"尚书段那海及太常礼官奏曰："始议七庙，除正殿、寝殿、正门、东西门已建外，东西六庙不须更造，余依太常寺新图建之。"遂为前庙后寝，庙分七室。

二十一年（甲申、一二八四）三月，太庙正殿成，奉安神主。

三十年（癸巳、一二九三）冬十月，祔明孝太子主于庙。先是，皇太子真金卒，太常博士议曰："前代太子薨，梁武帝谥统曰昭明，齐武帝谥长懋曰文惠，唐宪宗谥宁曰惠昭，金世宗谥允恭曰宣孝，又建别庙以奉神主，准中祀。"从之，遂谥曰明孝太子，作主用金。至是祔于太庙。后追尊帝号，庙号裕宗。

成宗大德元年（丁酉、一二九七），制，享太庙增用马。

十一年（丁未、一三〇七），武宗即位，追尊皇考为皇帝，庙号顺宗。太祖室居中，睿宗西第一室，世祖西第二室，裕宗西第三室，顺宗东第一室，成宗东第二室。

武宗至大二年（己酉、一三〇九）正月，以受尊号，恭谢太庙。为亲祀之始。

十二月，亲享太庙，奉玉册、玉宝。加上太祖圣武皇帝尊谥曰法天启运，光献皇后曰翼圣，睿宗景襄皇帝曰仁圣，庄圣皇后曰显懿。其旧制金表神主，以椟贮两旁。自是主皆范金作之，如金表之制。

英宗至治元年（辛酉、一三二一）正月，始以四孟月时享，亲祀太庙。先是延祐七年冬十月，帝命太常礼官与中书、翰林、集贤等议亲祀礼，制曰："此追远报本之道也，无以朕劳而有所损焉，其一遵典礼。"十一月，帝躬谢太庙，备法驾，服衮冕以行礼。至仁宗室，辄欷歔流涕，左右莫不感动。至是遂行四孟亲享之礼，谓群臣曰："朕缵承祖宗丕绪，夙夜祗慄，无以报称。岁惟四祀，使人代之，不能致如在之诚，实所未安。自今以始，岁必亲祀，以终朕身。"

五月，中书省臣、礼官上言："前代庙（式）〔室〕（据同上书改），多寡不同。晋则兄弟同为一室，正室增为十四间，东西各一间。唐九庙，后增为十一室。宋增室至十八，东西夹室各一间，以藏祧主。今太庙虽分八室，然兄弟为世，止六世而已。世祖所建前庙后寝，往岁寝殿灾，请以今殿为寝，〔别〕（据同上书补）作前殿十五间，中三间通为一室，以奉太祖神主，余以次为室，庶几情文得宜。"从之。

三年（癸亥、一三二三）六月，议定太庙夹室。时以太庙夹室未有定制，诏台、院、礼官定议。博士议曰："按尔雅曰：'室有东西厢曰庙。'注：'夹室前堂。'周（礼）〔书〕（原文见周书顾命，今据改）曰：'西夹南向。'注曰：'西厢夹室。'此东西夹室之正文也。贾公彦曰：'室有东西厢曰庙，其夹皆在序。'是则夹者犹今耳房之类也，然其制度则未之闻。东晋太庙，正室一十六间，东西储各一间，共十有八，所谓储者非夹室欤。唐贞观故事，迁庙之主藏于夹室西壁，南北三间。又宋哲宗亦尝于东夹室奉安，后虽增建一室，其夹室仍旧。是唐、宋夹室与诸室制度无大异也。五帝不相沿乐，三王不相袭礼。今庙制皆不合古，权宜一时。宜取今庙一十五间，南北六间，东西二间，准唐南北三间之制，垒至栋为三间，壁以红泥，以准东西序，南向为门，如今室户之制，虚前以准厢，所谓夹室前堂也。虽未尽合于古，于今事为宜。”从之。

泰定帝泰定元年（甲子、一三二四）正月，奉安仁宗及慈圣皇后神主。先是盗入太庙，盗仁宗及后金主，命重作。至是奉安。太常礼官以失守议罪有差。

四月，更定太庙室次。初，博士刘致建议：“周制，天子七庙，三昭三穆，昭处于东，穆处于西，所以别父子亲疏之序而使不乱也。国朝取唐、宋之制，定为九世，遂以旧庙八室而为六世，昭穆不分，父子并坐，不合礼经。新庙之制，一十五间，东西二间为夹室，太祖室既居中，则唐、宋之制不可依，惟当以昭穆列之。父为昭，子为穆，则睿宗当居太祖之东，为昭之第一世；世祖居西，为穆之第一世。裕宗居东为昭之第二世；兄弟共为一世，则成宗、顺宗、显宗三室皆当居西，为穆之第二世。武宗、仁宗二室皆当居东，为昭之第三世；〔英宗居西，为穆之第三世〕（据元文类卷一五刘致太庙室次议补）。昭之后居左，穆之后居右，西以左为上，东以右为上也。如此则昭穆分明，秩然有序，不违礼经，可为万世法。若以累朝定制，依室次于新庙迁安，则显宗跻顺宗之上，顺宗跻成宗之上。以礼言之，春秋，闵公无子，庶兄僖公代立，其子文公遂跻僖公于闵公上，史称逆祀。及定公正其序，书曰‘从祀先公’。然僖公犹是有位之君，尚不可居故君之上，况未尝正位者乎。国家虽曰以右为尊，然古人所尚，或左或右，初无定制。古人右社稷而左（祖）宗〔庙〕（据元史卷七四祭祀志改），国家宗庙亦居东方。岂有建宗庙之方位既依礼经，而宗庙之昭穆反不应礼经乎！"至是，中书省臣以致议上，言："太庙，太祖皇帝居中南向，睿宗、世祖、裕宗以次祔西室，顺宗、成宗、武宗、仁宗以次祔东室。今议者言：'国家建太庙遵古制，古尚左，今尊者居右为少屈，非所以示后世。太祖居中南向，睿宗宜祔左一室，世祖祔右一室，裕宗祔睿宗室之左，显宗、顺宗、成宗兄弟也，以次祔世祖室之右，武宗、仁宗亦兄弟也，以次祔裕宗室之左，英宗祔成宗室之右。'臣等以其议近是，谨绘室次为图以献，惟陛下裁择。"从之。

文宗天历元年（戊辰、一三二八），诏毁显宗室。

顺帝元统二年（甲戌、一三三四）十月，始以真哥皇后配飨武宗。时议三朝皇后升祔未决，伯颜以问太常博士逯鲁曾曰："先朝既以真哥皇后无子，不为立主，今所当立者，明宗母耶？文宗母耶？"对曰："真哥皇后在武宗朝已膺宝册，则文、明二母皆妾，今以无子之故不得立主，而以妾母为正，是为臣而废先君之后，为子而追封先父之妾，于礼不可。昔燕王慕容垂即位，追废其母后，而立其生母为后以配享先王，为万世笑。岂宜复蹈其失乎！"集贤学士陈颢素疾鲁曾，乃曰："唐太宗册曹王明之母为后，是亦二后也，奚为不可？"鲁曾曰："尧之母为帝喾庶妃，尧立为帝，未闻册以为后而配喾。皇上为大元天子，不法尧、舜而法唐太宗耶!"众服其议,伯颜亦是之,遂以真哥皇后配武宗。

后至元六年(庚辰、一三四〇),诏毁文宗室。

至正三年(癸未、一三四三)冬十月,亲祀太庙。帝行礼至宁宗室,问曰:"朕,宁宗兄也,理当拜否?"太常博士刘闻对曰:"宁宗虽弟,其为帝时,陛下为臣。春秋时鲁僖公,闵公兄也,闵公先为君,宗庙之祭,未闻僖公不拜。陛下当拜。"乃下拜。

按元世宗庙之事,本末因革,大概如此。凡大祭祀尤贵马湩,将有事,敕太仆(司)〔寺〕(据元史卷九〇百官志改)挏马官奉尚饮者革囊盛送焉。其马牲既与三牲同登于俎,而割奠之馔复与笾豆俱设。将奠牲,盘酌马湩,则蒙古太祝〔升〕(据元史卷七四祭祀志补)诣第一座,呼帝后神讳,以致祭年月日数、牲斋品物,致其祝语。以次诣列室亦如之。礼毕,则以割奠之余撒于南棂星门外,名曰抛撒茶饭。盖以国礼行事,尤其所重云。

元史纪事本末卷十一

律令之定 _补

世祖至元二十八年（辛卯、一二九一）夏五月，颁行至元新格。元初未有法守，百司断理狱讼，循用金律，颇伤严刻。右丞何荣祖，家世业吏，习于律令，乃以公规、治民、御盗、理财等十事辑为一书，名曰至元新格，上之。帝命刻板颁行，使百司遵守。既而王（晖）〔恽〕（据元史卷一六七本传改）上政事书，首言议宪章以一政体，曰："法者，辅治之具，一日阙则不可。君操于上，永作成宪。吏承于下，遵为定式。民晓其法，易避而难犯。若周之三典，汉之九章是也。今国家有天下六十余年，小大之法，尚无定议。内而宪台天子之执法，外而廉司州郡之法吏，是皆司理之官，而无所守之法，犹有医而无药也。至平刑议断，旋施为理，未免有酌量准拟之差，彼此轻重之异。臣愚谓宜将累朝圣训，与中统迄今条格，通行议拟，参而用之，与百姓更始。如是则法无二门，轻重适当，吏安所守，民知所避，而天下治矣。"帝曰："善。"

成宗大德（三）〔四〕（据元史卷二〇成宗纪改）年（庚子、一三〇〇）春二月，命何荣祖更定律令。荣祖上书言："臣所定者三〔百八〕（据元史卷二〇成宗纪，续纲目、薛鉴——二书皆系三年——补）十余条，一条有该三四事者。"帝曰："古今异宜，不必相沿，但取宜于今者。"（召）〔诏〕（据元史卷一六八何荣祖传、续纲目、薛鉴改）元老大臣聚听之。未及颁行而荣祖卒。既而郑介夫上言：

律者，〔所以齐天下之动〕（据历代名臣奏议卷六七补），至公大定之制也。皋陶作士，明于五刑。穆王训书，罚属三千。纲举目张，井然不紊，故百官奉法，各知所守而不敢逾。百姓视法，各知所避而不敢犯。自三代而下，国家立政，必以刑书为先。历观古今，未有无法而能一朝居者也。今天下所奉以行者，有例可援，无法可守，官吏因得以并缘为欺。如甲乙互讼，甲有力则援此之例，乙有力则援彼之例，甲乙之力俱到则无所可否，迁调岁月，名曰撒放。使天下黔首蚩蚩然狼顾鹿骇，无所持循。始之所犯，不知终之所断，是陷之以刑也。欲强其无犯，得乎？内而省部，外而郡守，抄写格例至数十册，遇事（而）〔有〕（据同上书改）难决则检寻旧例，或中无所载则旋行议拟，是百官莫知所守也。民间自以耳目所得之敕旨条令，杂采类编，刊行成帙，曰**断例条章**，曰**仕民要览**，各家收置一本，以为准绳。试阅二十年间之例，较之三十年前，半不可用矣。更以十年间之例，较之二十年前，又半不可用矣。是百姓莫知所避也。孔子曰："刑罚不中，则民无所措手足。"今者号令不常，有同儿戏，或一年二年前后不同，或纶音初降随即泯没，遂致民间有"一紧、二慢、三休"之谣。上无道揆，下无法守，不闻如是可以立国者。

京都为四方取则之地，法且不行，况四方之外乎？如往年禁酒，而私酝者比屋有之，酒益薄，价益高，而民益困。又如禁牛，而私宰者愈多，辇毂之下，十家而八。又如奸盗杀人必不可赦，而每岁放秃鲁麻，以此人心轻于犯法。又如婚姻聘财，明有官庶高下折钞之例，而今之嫁女者重要财钱，品官富人或索七十锭、〔一百锭〕（据同上书补），市庶之家不下二三十锭，更要表里、头面、羊酒等物，与估卖躯口无异。又如买卖田宅，旧有先亲后邻之例，而今民业多归势要，虽亲与邻不得占执，告到官府，无力与（辨）〔竞〕（据同上书改），业在豪家，终为所有。推此数端，天下概可知矣。

今有司每视刑名为重，而婚田钱债〔略不加意，殊不知民间争竞之端，无不始于婚田钱债，而因之以至于奸盗杀人者也。宪司巡按，每以赃罚为重，而一切民讼〕（据同上书补）略不省察，殊不知百姓负冤，上无所诉，是开官吏受赃之路也。审囚决狱官每临郡邑，惟具成案行故事，出断一二，便为尽职，不知大辟以下刑名公事甚不少也。各县官吏未饱其欲，每闻上司官至，则将囚徒保候，审录既毕，仍复收禁，此皆无法之弊也。又兼衙门纷杂，事不归一，十羊九牧，莫之适从。普天率土，皆为王民，岂可家自为政，人自为国？今正宫位下自立中政院，匠人自隶金玉府，校尉自归拱卫司，军人自属枢密院，诸王位下自有宗正府、内史府，僧则宣政院，道则道教所，又有宣徽院、徽政院、都护府、白云宗所管户计。诸司头目，布满天下，各自管领，不相统摄，凡有公讼，并须约会。或事涉三四衙门，动是半年，虚调文移，不得一会。或指日对问，则各（司）〔私〕（据同上书改）所管，互相隐庇，至一年二年，事无杜绝。遂至于强凌弱，众暴寡，贵抑贱，无法之弊，莫此为甚。

昔先帝时尝命修律，未及成书。近议大德律，所任非人，讹舛（尤）〔甚〕（据同上书改）多。今宜于台、阁、省、部内，选择通经术、明治体、练达时宜者，酌以古今之律文，参以先帝建元以来制敕命令，采以南北风土之宜，修为一代令典。使有司有所遵守，生民知所畏避。国有常科，吏无敢侮，永为定制，子孙万世之利也。诸色衙门、投下头目，除管领钱粮造作外，无问大小词讼，俱涉约会者，并令有司归问。庶使政归一体，狱无久淹，可谓成物之简能，太平之要道矣。

仁宗皇庆元年（壬子、一三一二）三月，诏以格例条画有关于风纪者，类集成书，名曰风宪（纪）〔宏〕纲（据元史卷一〇二刑法志改）。

英宗至治二年（壬戌、一三二二）十一月，御史李端言："世祖以来所定制度，宜著为令，使吏不得为奸，治狱者有所遵守。"从之。

三年（癸亥、一三二三）二月，命完颜纳丹、曹伯启等纂集累朝格例而损益之，凡为条二千五百三十有九，名曰大元通制，颁行天下。其书之大纲有三：一曰诏制，二曰条格，三曰断例。凡诏制为条九十有四，条格为条一千一百五十有（二）〔一〕（据同上书改），断例为条七百十有七。其五刑之目，凡七下至五十七，谓之笞刑；凡六十七至一百七，谓之杖刑；其徒法，年数杖数相附丽为加减，盐徒盗贼既决而又镣之；流则南人迁于辽阳迤北之地，北人迁于南方湖广之乡；死刑则有斩而无绞，恶逆之极者又有凌迟处死之法焉。伯启又言："五刑者，刑异五等。今黥、杖、徒役于千里之外，百无一生还者，是一人身被五刑，非五刑各底于一人也。法当改。"丞相虽是之，卒不果行。

元史纪事本末卷十二

运漕 河渠　海运

世祖至元十七年（庚辰、一二八〇）二月，浚通州运河。

十九年（壬午、一二八二）十二月，始海运。初，朝廷粮运仰给江南者，或自浙西涉江入淮，由黄河逆流至中滦，陆运至淇门，入御河，以至京师。又或自利津河，或由胶莱河入海，劳费无成。初，宋季有海盗朱清者，尝为富家佣，杀人亡命入海岛，与其徒张瑄乘舟抄掠海上，备知海道曲折，寻就招为防海义民。伯颜平宋时，遣清等载宋库藏等物从海道入京师，授金符千户。二人遂言海运可通。乃命总管罗璧暨瑄等造平底船六十艘，运粮四万六千余石，由海道入京。然创行海洋，沿山求屿，风信失时，逾年始至。朝廷未知其利，仍通旧运，立京畿、江淮都漕运司二，各置分司，以督纲运。

二十年（癸未、一二八三），复海运。是年用王积翁议，令阿八赤等广开新河。然新河候潮以行，船多损坏，民亦苦之。而忙兀鰌言海运之舟悉至，于是罢新河，复事海运。立万户府二，以朱清为中万户，张瑄为千户，忙兀鰌为万户府达鲁花赤。未几，又分新河军士水手及船，于扬州、平滦两处运粮，命三省造船二千艘，于济州河运粮。盖犹未专于海道也。

二十四年（丁亥、一二八七），始立行泉府司，专掌海运。增置万户府二，总为四府。是岁，遂罢东平河运粮。

二十五年（戊子、一二八八），内外分置漕运司二。（令）〔其〕（据元史卷九三食货志改）在外者于河西务置司，领接海运。

二十六年（己丑、一二八九），开会通河，从寿张县尹韩仲晖等言，开河以通运道。起须城县安山渠西南，由寿张西北至东昌，又西北至临清，引汶水以达御河，长二百五十余里，中建闸三十有一，以时蓄泄。河成，渠官张礼孙等言："开魏博之渠，通江淮之运，古所未闻。"诏赐名会通河。

丘濬曰：臣按会通河之名始见于此。然当时河道初开，岸狭水浅，不能负重，每岁之运不过数十万石，非若海运之多也。是故终元之世，海运不罢。国初，会通河故道犹在，今济宁任城闸，洪武三年晓谕往来船只不许挤塞碑石，故在北岸，可考也。二十四年，河决原武，漫过安山湖，而会通河遂淤，往来者悉由陆以至德州下河。我太宗皇帝肇造北京，永乐初运粮由江入淮，由淮入黄河，运至阳武，发山西、河南二处丁夫，由陆运至卫辉，下御河，水运至北京。厥后济宁州同知潘叔正，因州夫递运之难，请开会通旧河。朝廷命工部尚书宋礼，发丁夫十余万，疏凿以复故道。又命刑部侍郎金纯，自汴城北金龙口开黄河故道，分水下达鱼台县塌场口，以益漕河。十年，宋尚书请从会通河通运。十三年，始罢海运，而专事河运矣。明年，平江伯陈瑄又请浚淮安安庄闸一带沙河，自淮以北，沿河立浅铺，筑牵路，树柳木，穿井泉。自是漕法通便，百年于兹矣。

臣惟运东南粟以实京师，在汉、唐、宋皆然。然汉、唐都关中，宋都汴梁，所漕之河，皆因天地自然之势，中间虽或少假人力，然非若会通一河，前代所未有，而元人始创为之，非有所因也。元人为之而未大成，用之而未得其大利。至国朝益修理而扩大之。前元所运，岁仅数十万，而今日极盛之数，则逾四百万焉，盖十倍之矣。昔宋人论汴水，以为大禹疏凿，隋炀开圳，终为宋人之用，以为上天之意。呜呼！夏至隋，隋至宋，中经朝代非一，谓天意颛在宋，臣不敢知。若夫元之为此河，河成而不尽以通漕，盖天假元人之力以为我朝用，其意岂不彰彰然明矣哉。

二十七年（庚寅、一二九〇）五月，省臣马之贞言："霖雨（崩）岸〔崩〕（据同上书改），河道淤浅，宜加修浚。"奏拨放罢输运站户三千，专供其役，仍俾采伐木石等以充用。岁委都水监一官巡视且督工，易闸以石，而视所缓急为先后。从之。

二十八年（辛卯、一二九一），并海运四府为都漕运府（一）〔二〕（据同上书改），从朱清、张瑄之请也。止令清、瑄二人掌之，其属有千户、百户等官，分为各翼，以督岁运。

二十九年（壬辰、一二九二），开通惠河，以郭守敬领都水监事。初守敬言水利十有一事，其一欲导昌平县白浮村神山泉，过双塔榆河，引一亩、玉泉诸水入城，汇于积水潭，复东折而南入旧河，每十里置一闸，以时蓄泄。帝称善。复置都水监，命守敬领之。丞相以下，皆亲操畚锸为之倡。置闸之处，往往于地中得旧时砖木，人服其识。逾年毕工。自是免都民陆挽之劳，公私便之。帝自上都还，过积水潭，见舳舻蔽水，大悦，赐名曰通惠。

丘濬曰：臣按通州陆挽至都城，仅五十里耳，而元人所开之河，总长一百六十四里，其间置闸坝凡二十处，所费盖亦不赀。况今废坠已久，庆丰以东，诸闸虽存，然河流淤浅，通运颇难。且积水潭即今海子，在都城中禁城之北，漕舟既集，无停泊之所。而又分流入大内，然后南出，其启闭蓄泄，非外人所得专者。言者往往建请欲复元人旧规，然亦未睹其果便利也。

成宗大德五年（辛丑、一三〇一），以畿内岁饥，增明年海运粮为百二十万石。

八年（甲辰、一三〇四），增海运米为百四十五万石。

十年（丙午、一三〇六），中书省奏："常岁海漕粮百四十五万石，今江浙岁俭，不能如数，请仍旧例，湖广、江西输五十万石，并由海道达京师。"从之。

武宗至大四年（辛亥、一三一一），遣官至江浙议海运事。时江东宁国、池、饶、建康等处运粮，率令海船从扬子江逆流而上。江水湍急，又多石矶，石走沙涨，粮船俱坏，岁岁有之。又湖广、江西之粮运，至真州泊（入）〔水湾，与〕海船〔对装〕（据永乐大典卷一五九四九运字引经世大典改补）。船大底小，亦非江（水）〔中〕（据元史卷九三食货志改）所宜。于是以嘉兴、松江秋粮并江淮、江浙财赋府岁办悉充运。海漕之利，盖至是博矣。先是，江浙省臣言："曩者朱清、张瑄海漕米岁四五十万至百十万，时船多粮少，顾直均平。比岁赋敛横出，漕户困乏，逃亡者有之。今岁运三百万，漕舟不足，遣人于浙东、福建等处和雇，百姓骚动。本省左丞沙不丁言，其弟合八失及马合谋但的、澉浦杨家等皆有舟，且深知漕事，乞以为海道运粮都漕万户府官，各以己力输运官粮。万户、千户，并如军官例承袭，宽恤漕户，增给雇直，庶有成效。"尚书省以闻，请以马合谋但的为遥授右丞、海外诸番宣慰使、都元帅，领海道运粮都漕运万户府事。设千户所十，每所设达鲁花赤、千户等官。俱从之。

仁宗延祐（二）〔元〕（据元史卷九四河渠志改）年（甲寅、一三一四）二月，省臣言："江南行省起运诸物，由会通河以达于都，多逾期不至。诘其故，皆言始开河时，止许行百五十料船。近来权势之人，并富商大贾，贪嗜货利，造三四百料或五百料船，于此河行驾，以致阻滞往来舟楫。今宜于沽头、临清二处，各置小石闸一，禁约二百料以上之船不许入河，违者罪。"〔从之〕（据同上书补）。

顺帝至正二年（壬午、一三四二）春正月，开京师金口河。时中书参议李罗帖木儿、都水傅佐建言："起自通州南高丽庄一百〔二〕（据元史卷六六河渠志补）十余里，创开新河一道，深五丈，广十五丈，放西山金口水东流，合御河，接引海运至大都城内输纳。"是时脱脱为中书右丞相，奏行之。廷臣多言其不可，脱脱排群议，务在必行。左丞许有壬因条陈其利害，言："成宗大德二年，浑河水发为民害，大都路都水监将金口下闭闸板。五年间，浑河水势浩大，郭太史恐冲没田薛二村、南北二城，又将金口以上河身，用砂石杂土尽行堵闭。文宗至顺初，因都水监郭道寿言，金口引水通京城至通州，其利无穷，令工部官并河道提举司及耆老相视，皆言水由二城，中多窒碍。又卢沟河自桥至合流处，从来未曾有渔舟上下，此即不可行船之明验也。且通州去京城四十里，卢沟止二十里，若可行船，当时何不于卢沟立马头，百事近便，却于四十里外通州为之？又西山水势高峻，亡金时，在都城之北流入旷野，纵有冲决，为害亦轻。今则在都城西南，与昔不同。此水性本湍急，若加以夏秋霖潦涨溢，则不敢必其无虞，宗庙社稷之所在，岂容侥幸于万一乎！又地形高下悬绝，若不作闸，必致走水浅涩。若作闸以节之，则沙泥浑浊，必致淤塞，每年每月专人淘洗，是终无穷尽之时也。且郭太史作通惠河时，何不用此水，而远取白浮之水，引入都城以供闸坝之用？盖白浮之水澄清，而此水浑浊，不可用也。此议方兴，传闻于外，万口一辞，以为不可。若谓为成大功者不谋于众，人言不足听，则是商鞅、王安石之法，当今不宜有此。"议上，脱脱终不纳，兴工四阅月而毕。起闸放金口水，流湍势急，沙泥壅塞，船不可行。而开挑之际，毁民庐舍坟茔，夫丁死伤甚众，又费用不赀，卒以无功。既而御史纠劾建言者，孛罗帖木儿、傅佐俱伏诛。

是年令江浙行省及中正院财赋总管府拨赐诸人寺观之粮尽数起运，仅得二百六十万石。及汝、颍倡乱，湖广、江右相继陷没，而方国珍、张士诚窃据浙东、西之地，贡赋不供，海运之舟不至京师。

至正十九年（己亥、一三五九），遣伯颜帖木儿征海运于江浙，诏张士诚输粟，方国珍具舟。二贼互相猜疑，伯颜帖木儿与行省丞相多方开谕之，始从命，得粟十有一万石。后三年，复遣官往征，拒命不与。

初，海运之道，自平江刘家港入海，经扬州路通州海门县黄连沙头万里长滩开洋，沿山陬而行，抵淮安路盐城县，历西海州、海宁府东海县、密州、胶州界，月余始抵成山。计其水程，自上海至杨村马头，凡一万三千三百五十里。后朱清、张瑄等言其路险恶，复开生道。自刘家港开洋，至撑脚沙，转沙觜，至三沙洋子江，过大洪，又过万里长滩，放大洋，至青水洋，又经黑水洋，过成山，过刘岛，至之罘，放莱州大洋，抵界河口，其道差为径直。最后殷明略又开新道，从刘家港入海，至崇明州三沙放洋，向东行，入黑水大洋，取成山，转西至刘家岛，又至登州沙门岛，于莱州大洋入界河。当舟行风信有时，自浙西至京师不过旬日而已，视前二道为最便云。然风涛不测，粮船漂溺者无岁无之，间亦有船坏而弃其米者，然视漕河之费，则其所得盖多矣。

岁运之数：

至元二十年，四万六千五十石，至者四万二千一百七十二石。二十一年，二十九万五百石，至者二十七万五千六百一十石。二十二年，一十万石，至者九万七百七十一石。二十三年，五十七万八千五百二十石，至者四十三万三千九百五（十）（据元史卷九三食货志删）石。二十四年，三十万石，至者二十九万七千五百四十六石。二十五年，四十万石，至者三十九万七千六百五十五石。二十六年，九十三万五千石，至者九十一万九千九百四十三石。二十七年，一百五十九万五千石，至者一百五十一万三千八百五十六石。二十八年，（二）〔一〕（据同上书改）百五十三万七千二百五十石，至者一百二十八万一千六百一十五石。二十九年，一百四十万七千四百石，至者一百三十六万一千五百一十三石。三十年，九十万八千石，至者八十八万七千五百九十一石。三十一年，五十一万四千五百三十三石，至者五十万三千五百三十四石。

元贞元年，三十四万五百石。二年，三十四万五百石，至者三十三万七千二十六石。

大德元年，六十五万八千三百石，至者六十四万八千一百三十六石。二年，七十四万二千七百五十一石，至者七十万五千九百五十四石。三年，七十九万四千五百石。四年，七十九万五千五百石，至者七十八万八千九百一十八石。五年，七十九万六千五百二十八石，至者七十六万九千六百五十石。六年，一百三十八万三千八百八十三石，至者一百三十二万九千一百四十八石。七年，一百六十五万九千四百九十一石，至者一百六十二万八千五百八石。八年，一百六十七万二千九百九石，至者一百六十六万三千三百一十三石。九年，一百八十四万三千三石，至者一百七十九万五千三百四十七石。十年，一百八十万八千一百九十九石，至者一百七十九万七千七十八石。十一年，一百六十六万五千四百二十二石，至者一百六十四万四千六百七十九石。

至大元年，一百二十四万一百四十八石，至者一百二十万二千五百三石。二年，二百四十六万四千二百四石，至者二百三十八万六千三百石。三年，二百九十二万六千五百三十（二）〔三〕（据同上书改）石，至者二百七十一万六千九百十三石。四年，二百八十七万三千二百一十二石，至者二百七十七万三千二百六十六石。

皇庆元年，二百八万三千五百五石，至者二百六万七千六百七十二石。二年，二百三十一一万七千二百二十八石，至者二百一十五万八千六百八十五石。

延祐元年，二百四十万三千二百六十四石，至者二百三十五万六千六百六石。二年，二百四十三万五千六百八十五石，至者二百四十二万二千五百五石。三年，二百四十五万八千五百一十四石，至者二百四十三万七千七百四十一石。四年，二百三十七万五千三百四十五石，至者二百三十六万八千一百一十九。五年，二百五十五万（二）〔三〕（据同上书改）千七百一十四石，至者二百五十四万三千六百一十一石。六年，三百二万一千五百八十五石，至者二百九十八万六千〔七百〕（据永乐大典卷一五九五〇运字引经世大典补）一十七石。七年，三百二十六万四千六石，至者三百二十四万七千九百二十八石。

至治元年，三百二十六万（八）〔九〕千（七）〔四〕百（六）〔五〕十（五）〔一〕（据元史卷九三食货志改）石，至者三百二十三万八千七百六十五石。二年，三百二十五万一千一百四十石，至者三百二十四万六千四百八十三石。三年，二百八十一万一千七百八十六石，至者二百七十九万八千六百一十三石。

泰定元年，二百八万七千二百三十一石，至者二百七万七千二百七十八石。二年，二百六十七万一千一百八十四石，至者二百六十三万七千〔七百〕（据永乐大典卷一五九五〇运字引经世大典补）五十一石。三年，三百三十七万五千七百八十四石，至者三百三十五万一千三百六十二石。四年，三百一十五万二千八百二十石，至者三百一十三万七千五百三十二石。

天历元年，三百二十五万五千二百二十石，至者三百二十一万五千四百二十四石。二年，三百五十二万二千一百六十三石，至者三百三十四万三百六石。

史臣曰：元都于燕，去江南极远，而百司庶府之繁，卫士编民之众，无不仰给于江南。自伯颜献海运之策，而江南之粟分为春、夏二运，盖至于京师者，岁多至三百万余石。民无辇输之劳，国有储蓄之富，岂非一代良法与！

丘濬曰：臣按海运之法，自秦已有之，而唐人亦转东吴粳稻以给幽燕。然以给边方之用而已，用之以足国，则始于元焉。史称当舟行风信有时，自浙西至京师，不过旬日而已。虽有风涛漂溺之虞，然视河漕之费，所得盖多。故终元之世，海运不废。我朝洪武三十年，海运粮七十万石给辽东军饷。永乐初，海运七十万石至北京。至十三年，会通河通利，始罢海运。臣考元史食货志论海运有云：“民无辇输之劳，国有储蓄之富。”以为一代良法。又云：“海运视河漕之数，所得盖多。”作元史者皆国初史臣，其人皆生长胜国时，习见海运之利，所言非无征者。臣窃以为自古漕运所从之道有三：曰陆，曰河，曰海。河漕视陆运之费省什三四，海运视陆运之费省什七八。盖河漕虽免陆行，而人辇如故，海运虽有漂溺之患，而省牵率之劳，较其利害，盖亦相当。今漕河通利，岁运充积，固无资于海运也。然善谋国者，恒于未事之先而为意外之虑。今于国家无事之秋，寻元人海运故道，别通海运一路，与河漕并行。江西、湖广、江东之粟照旧河运，而以浙西、东濒海一带由海道运，使人习知海道。一旦（按：各本都作"日"，但原刻本字体较小，且偏在上，明为"旦"字脱去下面一横笔，此文出于丘氏大学衍义补，原文正作"旦"，故迳予改正。）漕渠少有滞塞，此不来而彼来，是亦思患预防之先计也。

元史纪事本末卷十三

治河　穷河源附

世祖至元二十三年（丙戌、一二八六）十月，河决开封、祥符、陈留、杞、太康、通许、鄢陵、扶沟、洧川、尉氏、阳武、延津、中牟、原武、睢州十五处。调民夫二十余万，分筑堤防。

二十五年（戊子、一二八八）五月，河决汴梁。太康、通许、杞三县，陈、颖二州，皆被其害。

成宗（元贞）〔大德〕（据元史卷一九成宗纪、卷一七〇尚文传、续纲目、薛鉴改）元年（丁酉、一二九七）七月，河决杞县蒲口。先是河决汴梁，发丁夫三万塞之。至是蒲口复决，乃命廉访使尚文相度形势，为久利之策。文言："长河万里西来，其势湍猛。至盟津而下，地平土疏，移徙不常，失禹故道，为中国患，不知几千百年矣。自古治河，处得其当则用力少而患迟，事失其宜则用力多而患速，此不易之定论也。今陈留抵睢，东西百有余里，南岸旧河口十一，已塞者二，自涸者六，通川者三，岸高于水计六七尺，或四五尺。北岸故堤，其水比田高三四尺，或高下等。大概南高于北约八九尺，则堤安得不坏，水安得不北也。蒲口今决千有余步，迅疾东行，得河旧渎，〔行〕（据元史卷一七〇尚文传、续纲目、薛鉴、元文类六八尚文神道碑补）二百里，至归德横堤之下，复合正流。或强湮遏，上决下溃，功不可成。揆今之计，河（西）〔北〕（据续纲目、薛鉴、元文类卷六八尚文神道碑改）郡县，宜顺水性，远筑长垣，以御泛滥。归德、徐、邳，民避冲溃，听从安便。被患之家，量于河南退滩地内，给付顷亩，以为永业。异时河决他所者亦如之，亦一时救患之良策也。蒲口不塞便。"时河朔郡县及山东宪部争言："不塞则河北桑田尽化鱼鳖之区，塞之便。"帝从之。是后蒲口复决，障塞之役，无岁无之，而水北入〔巴〕河（据元文类卷六八尚文神道碑补），复故道，竟如文言。

二年（戊戌、一二九八）七月，汴梁等州大雨，河决，漂归德数县田庐禾稼。诏免田租一年，遣尚书那怀、御史刘赓等塞之，自蒲口首事，凡筑（七）〔九〕（据元史卷一九成宗纪、续纲目改）十六所。

（大德）十年（丙午、一三〇六）正月，发河南民十万筑河防。

武宗至大二年（己酉、一三〇九）七月，河决归德，又决封丘。

仁宗皇庆二年（癸丑、一三一三）六月，河决陈、亳、睢三州，开封、陈留等县，没民田庐。

泰定帝泰定二年（乙丑、一三二五）二月，以河水屡决，立行都水监于汴梁，仿古法备捍，仍命濒河州、县正官皆兼知河防事。

五月，河溢汴梁。

七月，河决阳武，漂民居万（二）〔六〕（据元史卷三〇泰定帝纪、续纲目、薛鉴改。）千五百余家。寻复坏乐利堤，发丁夫六万四千人筑之。（按：七月条，上举各书均系于三年。）

三年（丙寅、一三二六）四月，修夏津、阳武（按：元史卷三〇泰定帝纪、薛鉴皆无"阳"字。）河堤三十三所，役丁（夫）〔万〕（据元史卷三〇泰定帝纪改）七千五百人。

顺帝至元元年（乙亥、一三三五）十二月，河决封丘。

至正四年（甲申、一三四四）正月，河决曹州，发丁夫万五千八百修筑之。是月，河又决汴梁。

五月，大霖雨，黄河溢，平地水二丈，决白茅堤、金堤，曹、濮、济、兖皆被灾。

十月，议修黄河、淮河堤堰。

五年（乙酉、一三四五）七月，河决济阴。

八年（戊子、一三四八）二月，立行都水监于郓城，以贾鲁为太监。鲁循河道，察地形，备得要害，为图，上二策。其一议修筑北堤，以制横溃，则用工省。其二议疏塞并举，挽河东行，使复故道，其工数倍。会鲁迁中书右司郎中，不果行。

九年（己丑、一三四九）正月，立山东、河南等处行都水监，专治河患。

五月，白茅河东注沛县，遂成巨浸。

十一年（辛卯、一三五一）四月，开黄河故道。初，黄河决，丞相脱脱集群臣廷议，言人人殊。贾鲁复申前议，以为必塞北河，疏南河，使复故道，役不大兴，害不能已。于是遣工部尚书成遵与大司农秃鲁行视河，议其疏塞之方以闻。遵等自济、濮、汴梁、大名行数千里，掘井以量地之高下，测岸以究水之浅深，博采舆论，以为河之故道断不可复。且曰：“山东连岁饥馑，民不聊生，若聚二十万众于此地，恐他日之忧又有重于河患者。”时脱脱先入贾鲁之言，闻遵等议，怒曰：“汝谓民将反耶！”自辰至酉，论辨终莫能入。明日，执政谓遵曰：“修河之役，丞相意已定，且有人任其责，公勿多言，幸为两可之议。”遵曰：“腕可断，议不可易。”遂出遵为河间盐运使。诏开黄河故道，命贾鲁以工部尚书充河防使。发河南、北兵民十七万，自黄陵冈南达白茅，放于黄固、哈只等口，又自黄陵西至杨清村，合于故道，凡二百八十里有（可）〔奇〕（据续纲目、薛鉴改）。兴功凡五阅月，诸埽堤成，河复故道。超授鲁集贤大学士，赐金带、银币。诏赐脱脱世袭答剌罕之号，以淮安路为其食邑，命立河平碑。其诸都水监有司官，皆以功迁赏有差。先是河南、北童谣云：“石人一只眼，挑动黄河天下反。”及鲁治河，果于黄陵冈得石人一眼，而汝、颍之兵起。

时命翰林学士承旨欧阳玄制河平碑，既成。玄又自以为司马迁、班固记河渠、沟洫，仅载治水之道，不言其方，使后世任事者无所考信，乃从鲁访问方略，及询过客，质吏牍，作至正河防记，欲使来世罹河患者，按而求之。其言曰：

治河一也，有疏，有浚，有塞，三者异焉。酾河之流，因而导之，谓之疏。去河之淤，因而深之，谓之浚。抑河之暴，因而扼之，谓之塞。疏浚之别有四，曰生地，曰故道，曰河身，曰减水河。生地有直有纡，因直而凿之，可就故道。故道有高有卑，高者平之以趋卑，高卑相就，则高不壅，卑不潴，虑夫壅生溃，潴生埋也。河身者，水虽通行，身有广狭，狭难受水，水（溢）〔益〕（据王圻续通考卷七黄河考、元史类编卷一五贾鲁传改）悍，故狭者以计辟之；广难为岸，岸善崩，故广者以计御之。减水河者，水放旷则以制其狂，水隳突则以杀其怒。治堤一也，有创筑、修筑、补筑之名，有刺水堤，有截河堤，有护岸堤，有缕水堤，有石船堤。治埽一也，有岸埽、水埽，有龙尾、拦头、马头等埽。其为埽台及推卷、牵制、埋挂之法，有用土、用石、用铁、用草、用木、用杙、用絙之方。塞河一也，有缺口，有豁口，有龙口。缺口者，已成川。豁口者，旧常为水所豁，水退则口下于堤，水涨则溢出于口。龙口者，水之所会，自新河入故道之漈也。此外不能悉书，因其用功之次第，而就述于其下焉。

其浚故道，深广不等，通长二百八十里百五十四步而强。功始自白茅，长百八十二里。继自黄陵冈至南白茅，辟生地十里。口初受，广百八十步，深二丈有二尺，已下停广百步，高下不等，相折深二丈及泉。曰停曰折者，用古算法，因此推彼，知其势之低昂，相准折而取匀停也。南白茅至刘庄村，接入故道十里，通折垦广八十步，深九尺。刘庄至专固，百有二里二百八十步，通折停广六十步，深五尺。专固至黄固，垦生地八里，面广百步，底广九十步，高下相折深丈有五尺。黄固至哈只口，长五十一里八十步，相折停广垦六十步，深五尺。乃浚凹里减水河，通长九十八里百五十四步。凹里减水河口生地，长三里四十步，面广六十步，底广四十步，深一丈四尺。自凹里生地以下旧河身至张赞店，长八十二里五十四步，上三十六里，垦广二十步，深五尺；中三十五里，垦广二十八步，深五尺；下十里二百四十步，垦广二十六步，深五尺。张赞店至杨青村，接入故道，垦生地十有三里六十步，面广六十步，底广四十步，深一丈四尺。

其塞专固缺口，修堤三重，并补筑凹里减水河南岸豁口，通长二十里三百十有七步。其创筑河口前第一重西堤，南北长三百三十步，面广二十五步，底广三十三步，树置桩橛，实以土牛、草苇，杂梢相兼，高丈有三尺。堤前置龙尾大埽，言龙尾者，伐大树，连梢系之堤旁，随水上下，以破啮岸浪者也。筑第二重正堤，并补两端旧堤，通长十有一里三百步。缺口正堤长四里。两堤相接旧堤，置桩堵闭河身，长百四十五步，用土牛、草苇，梢土相兼修筑，底广三十步，修高二丈。其岸上土工修筑者，长三里二百十有五步有奇，高广不等，通高一丈五尺。补筑旧堤者，长七里三百步，表里倍薄七步，增卑六尺，计高一丈。筑第三重东后堤，并接修旧堤，高广不等，通长八里。补筑凹里减水河南岸豁口四处，置桩木，草土相兼，长四十七步。

于是塞黄陵全河，水中及岸上修堤长三十六里百三十六步。其修大堤刺水者二，长十有四里七十步。其西复作大堤刺水者一，长十有二里百三十步。内创筑岸上土堤，西北起李八宅西堤，东南至旧河岸，长十里百五十步，颠广四步，趾广三之，高丈有五尺。仍筑旧河岸至入水堤，长四百（二）〔三〕（据元史卷六六河渠志、王圻续通考卷七黄河考改）十步，趾广三十步，颠杀其六之一，接修入水。（西）〔两〕（据同上书改）岸埽堤并行。作西埽者夏人，水工征自灵武。作东埽者汉人，水工征自近畿。其法以竹络实以小石，每埽不等，以蒲苇绵腰索径寸许者从铺，广可一二十步，长可二三十步。又以曳埽索绹径三寸或四寸、长二百余尺者，衡铺之，相间。复以竹苇麻苘大缍长三百尺者为管心索，就系绵腰索之端于其上，以草数千束多至万余，匀布厚铺于绵腰索之上，囊而纳之，丁夫数

千，以足踏实。推卷稍高，即以水工二人立其上而
（啮）〔号〕（据同上书改）于众，众声力举，用小大推
梯推卷成埽。高下长短不等，大者高二丈，小者不下
丈余。又用大索（或）〔四〕（据王圻续通考卷七黄河考
改）五为接索，转致河滨。选健丁操管心索，顺埽
（以）〔台〕（据元史卷六六河渠志、王圻续通考卷七黄河考
改）立踏，或挂之台中铁猫大橛之上，以渐缒之下水。
埽后掘地为渠，陷管心索渠中，以散草厚覆，筑之以
土。（覆）（据同上书删）其上复以土牛、杂草、小埽、
梢土，多寡厚薄，先后随宜，修叠为埽台。务使牵制
上下，缜密坚壮，互为掎角，埽不动摇。日力不足，
火以继之。积累既毕，复施前法卷埽，以厌先下之埽。
量水浅深，制埽厚薄，叠之多至四埽而止。两埽之间
置竹络，高二丈或三丈，围四丈五尺，实以小石、土
牛。既满，系以竹缆。其两旁并埽密下大桩，就以竹
络上大竹腰索系于桩上。东西两埽及其中竹络之上，
以草土等物筑为埽台，约长五十步或百步。再下埽，
即以竹索或麻索长八百尺或五百尺者一二，杂厕其余
管心索之间。俟（归）〔埽〕（据同上书改）入水之后，
其余管心索如前埋挂。随以管心长索远置五七十步之
外，或铁猫，或大桩，曳而系之，通管束累日所下之
埽，再以草土等物通修成堤。又以龙尾大埽密挂于护
堤大桩，分折水势。其堤长二百七十步，北广四十二
步，中广五十五步，南广四十二步，自颠至趾通高三

丈八尺。其截河大堤，高广不等，长十有九里百七十七步，其在<u>黄陵</u>北岸者，长十里四十一步，筑岸上土堤，西北起东西故堤，东南至河口，长七里九十七步，颠广六步，趾倍之而强二步，高丈有五尺，接修入水。施土牛、小埽、梢草、杂土，多寡厚薄，随宜修叠，及下竹络，安大桩，系龙尾埽，如前两堤法。唯修叠埽台，增用白阑小石。并埽上及前游修埽堤一，长百余步，直抵龙口。稍北，栏头三埽并行，埽大堤广与刺水二堤不同。通前列四埽，间以竹络，成一大堤，长二百八十步，北广百一十步，其颠至水面高丈有五尺，水面至泽腹高二丈五尺，通高三丈五尺；中流广八十步，其颠至水面高丈有五尺，水面至泽腹高五丈五尺，通高七丈。并创筑缕水横堤一，东起北截河大堤，西（底）〔抵〕（据同上书改）西刺水大堤，又一堤东起中刺水大堤，西抵西刺水大堤，通长二百四十三步，亦颠广四步，趾三之，高丈有二尺。修<u>黄陵</u>南岸，长九里百六十步，内创岸上堤，东北起新补<u>白茅</u>故堤，西南至旧河口，高广不等，长八里二百五十步。

乃入水作石船大堤。盖由是秋八月二十九日乙巳道故河流，先所修北岸西、中刺水及截河三堤犹短，约水尚少，力未足恃。决河势大，南北广四百余步，中流深三丈余，益以秋涨，水多故河十之八。两河争流，近故河口，水刷岸北行，河流湍激，难以下埽。且埽行或迟，恐水尽涌入决河，因淤故河，前功遂隳。

鲁乃精思障水入故河之方。以九月七日癸丑，逆流排大船二十七艘，前后连以大桅或长桩，用大麻索竹絙绞缚，缀为方舟，又用大麻索竹絙（用）〔周〕（据元史类编卷一五贾鲁传改）船身缴绕上下，令牢不可破，乃以铁猫于上流碇之水中。又以竹絙绝长七八百尺者，系两岸大橛上，每絙或碇二舟或三舟，使不得下。船腹略铺散草，满贮小石，以合子板钉合之。复以埽密布合子板上，或二重，或三重，以大麻索缚之急。复缚横木三道于〔头〕桅，皆（头）（据元史卷六六河渠志、王圻续通考卷七黄河考改）以索维之。用竹编笆，夹以草石，立之桅前，约长丈余，名曰水帘桅。复以木楔挂，使帘不偃仆。然后选水工便捷者，每船各二人，执斧凿，立船首尾，岸上捶鼓为号，鼓鸣，一时齐凿，须臾舟穴水入，并沉遏决河。水怒溢，故河水暴增，即重（更）〔树〕（据同上书改）水帘，令后复布小埽、土牛、白阑、长梢，杂以草土（以）〔等〕（据同上书改）物，随宜填垛以继之。石船下诣实地，出水基趾渐高，复卷大埽以压之。前船势略定，寻用前法沉余船，以竟后功。昏晓百刻，役夫分番（甚）〔任〕（据王圻续通考卷七黄河考改）劳，无少间断。船堤之后，草埽三道并举，中置竹络盛石，并埽置桩，系缆四埽及络，一如修北截水堤之法，第以中流水深数丈，用物之多，施功之大，数倍他堤。船堤距北岸才三四十步，势迫东河，流峻若自天降，深浅叵测。于是先卷下大埽约

高二丈者，或四或五，始出水面。修至河口一二十步，
用工尤艰。薄龙口，喧豗猛疾，势撼埽基，陷裂欹倾，
俄远故所，观者股栗，众议腾沸，以为难合，然势不
容已。<u>鲁</u>神色不动，机解捷出，进官吏工徒十余万人，
日加奖谕，辞旨恳至，众皆感激赴功。十一月十一日
丁巳，龙口遂合，决河绝流，故道复通。又于堤前通
卷拦头埽各一道，多者或三或四，前埽出水，管心大
索系前埽，碇后拦头埽之后，后埽管心大索亦系小埽，
碇前拦头埽之前，后先羁縻，以锢其势。又于所交索
上及两埽之间，压以（土）〔小〕（据<u>元史</u>卷六六河渠志、
<u>王圻续通考</u>卷七黄河考改）石、白阑、土牛，草土相半，
厚薄多寡，相势措置。埽堤之后，自南岸复修一堤，
抵已闭之龙口，长二百七十步。

船堤四道〔成堤〕（据同上书补），用农家场圃之具
曰辘轴者，穴石立木如比栉，埋前埽之旁，每步置一
辘轴，以横木贯其后。又穴石，以径二寸余麻索贯之，
系横木上，密挂龙尾大埽，使夏秋（沟）〔潦〕（据同上
书改）水、冬春凌澌不得肆力于岸。此堤接北岸截河
大堤，长二百七十步，南广百二十步，颠至水面高丈
有七尺，水面至泽腹高四丈二尺；中流广八十步，颠
至水〔面〕（据同上书补）高丈有五尺，水面至泽腹高五
丈五尺，通高七丈。（四尺）〔仍治〕（据同上书改）南岸
护堤埽一道，通长百三十步；南岸护岸马头埽三道，
通长九十五步。修筑北岸堤防，高广不等，通长二百

五十四里七十一步。**白茅**河口**至板城**，补筑旧堤，长二十五里二百八十五步。**曹州板城至英贤村**等处，高广不等，长一百三十三里二百步。**稍冈至**（锡）〔砀〕**山县**（据同上书改）增（倍）〔培〕（据元史卷六六河渠志改）旧堤，长八十五里二十步。**归德府哈只口至徐州路**三百余里，修完缺口一百七处，高广不等，积修计（二）〔三〕（据元史卷六六河渠志、王圻续通考卷七黄河考改）里二百五十六步。**亦思剌店**缕水月堤，高广不等，长六里三十步。

其用物之凡，桩木大者二万七千，榆柳杂梢六十六万六千，带梢连根株者三千（八）〔六〕（据同上书改）百，藁秸蒲苇杂草以束计者七百（一）〔三〕（据同上书改）十三万五千有奇，竹竿六十二万五千，苇席十有七万二千，小石二千艘，绳索小大不等五万七千，所沉大船百有二十，铁缆三十有二，铁猫三百三十有四，竹篾以斤计者十有五万，硾石三千块，铁钻万四千二百有奇，大钉三万三千二百三十有二，其余若木龙、蚕椽木、麦秸、扶桩铁叉、铁吊枝麻、搭火钩、汲水贮水等具，皆有成数。官吏俸给，军民衣粮工钱，医药、祭祀、赈恤、驿置马乘，及运竹木、沉船、渡船、下桩等工，铁、石、竹、木、绳索等匠佣赀，兼以和买民地为河，并应用杂物等价，通计**中统**钞百八十四万五千六百三十六锭有奇。

鲁尝有言："水工之功视土工之功为难，中流之功视河滨之功为难，决河口视中流又难，北岸之功视南岸为难。用物之效，草虽至柔，柔能狎水，水渍之生泥，泥与草并，力重如碇。然维持夹辅，缆索之功实多。"盖由鲁习知河事，故其功之所就如此。

玄之言曰：是役也，朝廷不惜重费，不吝高爵，为民辟害。脱脱能体上意，不惮焦劳，不恤浮议，为国拯民。鲁能竭其心思智计之巧，乘其精神胆气之壮，不惜劬瘁，不畏讥评，以报君相知人之明。宜悉书之，使职史氏者有所考证也。

史臣曰：议者往往谓天下之乱，皆由贾鲁治河之役，劳民动众之所致。殊不知元之所以亡者，纪纲废弛，风俗偷薄，其致乱之阶，非一朝一夕之故。使鲁不兴是役，天下之乱讵无从而起乎？

二十六年（丙午、一三六六）二月，黄河北徙。先是，河决小流口，达于清河，坏民居，伤禾稼。至是复北徙，自东明、曹、濮下及济宁，民皆被害。

河源古无所见，禹贡导河，止自积石。汉使张骞持节道西域，度玉门，见二水交流，发葱岭，趋于阗，汇盐泽，伏流千里，至积石而再出。唐（薛）〔刘〕元鼎（据旧唐书卷一九六下、新唐书卷二一六下吐蕃传改）使吐蕃，访河源，得之于（阒）〔闷〕磨黎山（据元史卷六三地理志、王圻续通考卷九黄河考改）。然皆历岁月，涉艰难，而其所得不过如此。世之论河源者，又皆推本二家，其说怪迂，总其实皆非本真。意者汉、唐之时，外夷未尽臣服，而道未尽通，故其所往，每迂回艰阻，不能直抵其处而究其极也。元有天下，薄海内外，人迹所及，皆置驿传，使驿往来，如行国中。至元十七年，命都实为招讨使，佩金虎符，往求河源。都实既受命，是岁至河州。州之东六十里有宁河驿。驿西南六十里有山曰杀马关，林麓穹隘，举足浸高，行一日至巅。西去愈高，四阅月始抵河源。是冬还报，并图其城传位置以闻。其后翰林学士潘昂霄从都实之弟阔阔出得其说，撰为河源志。临川朱思本又从八里吉思家得帝师所藏梵字图书，而以华文译之，与昂霄所志，互有详略。今取二家之书考定其说，有不同者附注于下。

按河源在吐蕃朵甘思西鄙，有泉百余泓，〔沮〕（据同上书补）洳散涣，弗可逼视，方可七八十里，履高山下瞰，灿若列星，以故名火敦脑儿。火敦，译言星宿也。

思本曰：河源在中国西南，直四川马湖蛮部之正西三千余里，云南丽江宣抚司之西北（二）〔一〕（据同上书改）千五百余里，帝师撒思加地之西南二千余里。水从地涌出如井，其井百余，东北流百余里，汇为大泽曰火敦脑儿。

群流奔辏，近五七里，汇二巨泽，名阿剌脑儿。自西而东，连属吞噬，行一日，迤逦东骛成川，号赤宾河。又二三日，水西南来，名亦里出，与赤宾河合。又三四日，水南来，名忽阑。又水东南来，名也里术，合流入赤宾。其流寖大，始名黄河，然水犹清，人可涉。

思本曰：忽阑河源出自南山，其地大山峻岭，绵亘

千里，水流五百余里，（出）〔注〕（据同上书改）也里
出河。也里出河源亦出自南山，西北流五百余里，始
与黄河合。

又一二日，歧为八九股，名也孙斡论，译言九渡，通
广五七里，可度马。又四五日，水浑浊，土人抱革囊，
〔乘〕（据说郛引河源志补）骑过之。〔民〕（据同上书补）聚
落，纠木干象舟，傅髦革以济，仅容两人。自是两山峡束，
广可一里、二里或半里，其深叵测。朵甘思东北有大雪山，
名亦耳麻不莫剌，其山最高，译言腾乞里塔，即昆仑也。
山腹至顶皆雪，冬夏不消。土人言远年成冰时，六月见之。
自八九股水至昆仑，行二十日。

思本曰：自浑水东北流二百余里，与怀里火秃河
合。怀里火秃河源自南山，水正北偏西流八百余里，
与黄河合。又东北流一百余里，过郎麻哈地，又正北
流一百余里，乃折而西北流二百余里，又折而正北流
一百余里，又折而东流，过昆仑山下，番名亦耳麻不
〔莫〕剌（据本书上文补）。其山高峻非常，山麓绵亘五
百余里，河随山足东流，过撒思加阔即、阔提地。

河行昆仑南半日，又四五日，至地名阔即及阔提，二
地相属。又一处地名哈剌别里赤儿，四达之冲也，多寇盗，
有官兵镇之。近北二日，河水过之。

思本曰：河过阔提，与亦西八思今河合。亦西八思
今河源自铁豹岭之北，正北流凡五百余里，而与黄
河合。

昆仑以西，人简少，多处山南。山皆不穹峻，水亦散漫，兽有髦牛、野马、狼、狍、（羱）〔羬〕（据元史卷六三地理志、王圻续通考卷九黄河考改）羊之类。其东，山益高，地亦渐下，岸狭隘，有狐可跳跃而越之处。行五六日，有水西南来，名纳邻哈剌，译言细黄河也。

思本曰：哈剌河自白狗岭之北，水西北流五百余里，与黄河合。

又两日，水南来，名乞儿马出。二水合流入河。

思本曰：自哈剌河与黄河合，正北流二百余里，过阿以伯站，折而西北流，经昆仑之北，二百余里与乞里马出河合。乞里马出河源自威、（成）〔茂州〕（据同上书改）之西北岷山之北，水北流，即古当州境，正北流四百余里，折而西北流五百余里，与黄河合。

河水北行，转西流，过昆仑北，一向东北流，约行半月，至贵德州，地名必赤里，始有州治官府，州隶吐蕃等处宣慰司，司治河州。又四五日，至积石州，即禹贡积石。五日至河州安乡关。一日至打罗坑。东北行一日，洮河水南来，入河。

思本曰：自乞里马出河与黄河合，又西北流，与鹏拶河合。鹏拶河源自鹏拶山之西北，水正西流七百余里，过札塞塔失地，与黄河合。折而西北流三百余里，又折而东北流，过西宁州、贵德州、马岭，凡八百余里，与邈水合。邈水源自清唐宿军谷，正东流五百余里，过三巴站，与黄河合。又东北流，过土桥站、古积石州来羌城、廓州沟米站界（羌）〔都〕城（据同上书改），凡五百余里，过河州，与野庞河合。野庞河源自西倾山之北，水东北流，凡五百余里，与黄河合。又东北流一百余里，过踏白城银川站，与湟水、浩亹河合。湟水源自（祈）〔祁〕连山（据元史卷六三地理志改）下，正东流一千余里，注浩亹河。浩亹河源自删丹州之南（山）〔删丹〕山（据元史卷六三地理志、王圻续通考卷九黄河考改）下，水东南流（一）〔七〕（据同上书改）百余里，注湟水，然后与黄河合。又东北流一百余里，与洮河合。洮河源自羊撒岭北，东北流，过临洮府，凡八百余里，与黄河合。

又一日至兰州。过北卜渡，至鸣沙（河）〔州〕（据说郛引河源志改）。过应吉里州，正东行，至宁夏府南，东行，即东胜州，隶大同路。自发源至汉地，南北涧溪，细流傍贯，莫知纪极。山皆草石，至积石，方林木畅茂。世言河九折，彼地有二折，盖乞儿马出及贵德必赤里也。

思本曰：自洮水与黄河合，又东北流，过达达地，凡八百余里。过丰州西受降城，折而正东流，过达达地古天德军、中受降城、东受降城，凡七百余里。折而正南流，过大同路云内州、东胜州，与黑河合。黑河源自（汉）〔渔〕阳岭（据元史卷六三地理志改。长春真人西游记作"渔阳关"）之南，水正西流，凡五百余里，与黄河合。又正南流，过保德州、葭州及兴州境，又过临州，凡一千余里，与吃那河合。吃那河源自古宥州，东南流，过陕西省绥德州，凡七百余里，与黄河合。又南流三百里，与延安河合。延安河源自陕西芦子关乱山中，南流三百余里，过延安府，折而正东流三百里，与黄河合。又南流三百里，与汾河合。汾河源自河东朔、武州之南乱山中，西南流，过管州，冀宁路汾州、霍州，晋宁路绛州，又西流至龙门，凡一千二百余里，始与黄河合。又南流二百里，过河中府，遇潼关与太华，大山绵亘，水势不可复南，乃折而东流。大概河源东北流所历皆西番地，至兰州凡四千五百余里，始入中国。又东北流过达达地凡二千五百余里，始入河东境内。又南流至河中凡一千八百余里。通计九千余里。

元史纪事本末卷十四

官制之定

世祖中统元年（庚申、一二六〇）四月，初定官制。初，太祖铁木真起自朔土，统有其众，部落野处，诸事草创，设官甚简，以断事官为至重之任，位三公上，丞相谓之大必阇赤，掌兵柄则左、右万户而已。后以西域渐定，始置达鲁花赤于各城监治之。达鲁花赤，华言掌印官也。及取中原，太宗窝阔台始立十路宣课司，选儒臣用之。金人来归者，因其故官，若行省，若元帅，则以行省、元帅授之。世祖即位，始大新制作，乃命刘秉忠、许衡酌古今之宜，定内外官制。其总政务者曰中书省，秉兵柄者曰枢密院，司黜陟者曰御史台。体统既立，其次在内者，则有寺，有监，有卫，有府；在外者，则有行省，有行台，有宣慰司，有廉访司；其牧民者，则曰路，曰府，曰州，曰县。官有常职，位有常员，食有常禄，其长则蒙古人为之，而汉人、南人贰焉。于是一代之制始备。五月，立十路宣抚司，置宣抚使并副使。

至元七年（庚午、一二七〇）春正月，立尚书省。初议三省并建，侍御史高鸣上言曰："臣闻三省设自近古，其法由中书出政，移门下议，不合则有驳正，或封还诏书；议合则还移中书。中书移尚书，尚书乃下六部、郡国。方今天下大于古而事益繁，取决一省犹曰有壅，况三省乎。且多置官者，求免失政也。但使贤俊萃于一堂，连署参决，自免失政，岂必别官异坐而后无失政乎！故曰政贵得人，不贵（得）〔多〕（据元史卷一六〇高鸣传改）官。不如一省便。"帝深然之。

九年（壬申、一二七二）春正月，罢尚书省。

十五年（戊寅、一二七八）秋七月，诏定武官承袭之制。凡有功升秩者，原职令他有功者居之，不得令子侄复代。阵亡者始得袭，病死者降一等，把总、百户老死者不袭。著为令。

十九年（壬午、一二八二）十二月，诏御史台得自选其属。初，御史唯用汉人，至是崔彧请参取蒙古人用之。又言台察之选止（申）〔由〕（据元史卷一七三崔彧传、续纲目、薛鉴改）中书，宁无偏党之弊，今宜令本台得自选任。既而江淮省臣有欲专恣而忌台察之言者，上议欲以行台隶行省，诏廷臣杂议。兵部尚书董文用曰："御史台譬之卧虎，虽未噬人，人犹畏其虎也。今虚名仅存，而纪纲犹不振，更加抑之，则风采蔼然，无复可望，此不可行也。"从之。

二十年（癸未、一二八三）六月，增给官吏俸。初，诏定官吏赃罪法，自五十贯以上皆决杖除名不叙，百贯以上者死。崔彧言："今百官月俸不能副赡养之资，难责以廉勤之操，宜更议增庶官月俸。所增俸钞，唯赋之于民，官吏不贪，民必受惠，其有以贪抵罪，又复何辞。"遂诏内外官吏俸以十分为差，增给五分。

二十三年（丙戌、一二八六）秋七月，诏中书省铨定省、院、台、部官属，自中书令、左右丞相而下，各有定员。仍谕安童曰："中书省朕当亲择，其余诸司，并从中书（增）〔裁〕（据元史卷一四世祖纪、续纲目、薛鉴改）减。"安童曰："比闻圣意欲倚近侍为耳目，如臣所行非法，从其举奏。今近臣乃伺隙援引非类，曰某居某官，某居某职，以所署奏目付中书施行。铨选之法，自有定制，其尤无事例者，臣尝废格不行，虑其党有短臣者。"帝曰："卿言良是。后若此者，其勿行之。"

三十年（癸巳、一二九三）春正月，汰冗官。先是，赵天鳞上策曰：

臣闻设（计）〔纪〕张（网）〔纲〕（据王圻续通考卷八四职官考改），莫如清简，建官置吏，切戒繁多。夫爵者官之尊也，阶者官之次也，品者官之序也，职者官之掌也，位者官之居也，禄者官之给也，吏者官之佐也。虽则事非位立而不办，亦有事因位多而益生，此圣王所以贵寡不贵众，欲静不欲躁也。唐、虞稽古，建官惟百。夏、商官倍，亦克用乂。周卿分职，各率其属。厥后职员愈多，而治愈不及古矣。是以汉光废四百县而下民业定，隋文废五百（部）〔郡〕（据同上书改）而天下政行，皆以官不用多而在乎得贤，政不在烦而贵乎省事也。今国家立制，自王及国王、郡王、国公以下为爵，自特进、崇进至将军、大夫、校尉、郎为阶，自正一至从九为品，掌、典、当、行为职，各职所居为位，各位养廉之资为禄，各司赞佐行文之史为吏，其制亦已详矣。然而文武二等，分部中外，本欲图宁，而似乎难宁也。臣伏见京师不急之司、院，无用之局、署，及随朝台、省、院、部以下诸有司官吏，可兼不兼，可并不并，亦已有之矣。畿外行省随省诸有司，宣慰、廉访等司，路、府、州、县仓库局监等诸衙门，及各衙门内官吏，亦有冗者矣。武臣万户所管不满万人，千户所管不满千人之类，亦已有之矣。

　　臣窃以冗官之大弊有三：一曰选法之弊，二曰政事之弊，三曰军民之弊。夫文武官吏，员数既多，当考满之时，近春秋之选，资格之簿扰攘纷纭，保荐之文交错旁午，有司行文犹且未暇，奚暇顾孰果有才，孰果有德，而考校之也哉！既不遑考校，则取准于籍文荐书之所陈布者矣。于是杂流之人进，货贿之窦开，遂致员多缺少，无如之何，经营者早得迁除，养高者坐淹岁月，此选法之弊也。夫文武官吏，员数既多，有当决之事而不决，有当行之事而不行。问其职，则曰我此职也，问其施为，则曰僚属非一，岂我之所能独主。混齐竽而难辨，受王命而自安。及乎朝廷闻之，遂立稽违期限之罚，不亦甚欤。此政事之弊也。夫国家用人路广，浮滥得升，使之临莅在下，必不能敷宣政化。如是则刻剥之苦，役使之烦，为害良多。此军民之弊也。三弊不绝，而徒立法以防之，不知法立而惧法之人奸欺之计亦益生矣。

伏望陛下察此三弊，凡京师不急之司、院，无用之局、署，及天下诸衙门，可罢者悉罢之。凡行省随省诸有司，宣慰、廉访等司，路、府、州、县等一切诸衙门，及万户、千户所管不及数之类，可并者悉并之。凡省、台、院、部以下（有）诸〔有〕（据同上书改）司之官吏，及天下诸衙门之官吏，可减者悉减之。然后以慎名器之法，择人而用之，又以考幽明之法，顺理而考之。则典选者易见其人，易程其效，而选法清矣；临政者事有所归，职有所主，而政绩成矣；在下者省于烦役，免于苦刻，而民业定矣。民者天下之本，民业定而天下不太平者，未之有也。

上嘉纳之，于是省内外官府二百五十五所，官六百六十九员。

元史纪事本末卷十五

尚书省之复

武宗至大二年（己酉、一三〇九）八月，复置尚书省，以乞台普济为右丞相，脱虎脱为左丞相，三宝奴、乐实为平章政事，保八为右丞，忙哥铁木儿为左丞，王罴参知政事。初，帝从脱虎脱、教化、法忽鲁丁言，欲复置尚书省，分理财用。御史台臣言："至元中，阿合马、桑哥相继立尚书省，综理财用，事败，并入中书。今四方地震水灾，岁仍不登，百姓重困，又复立之，则必增置有司，滥设官吏，殆非益民之事。且综理财用，在人为之，若止命中书，未见不可。"帝曰："卿言良是。此二人者，愿任其事，姑听其行焉。"至是，乐实又与保八言其事，帝命与塔思不花集议。保八言："政事得失，皆前日中书省臣所为，今欲举正，彼惧有累，孰愿行者。臣请乞旧事从中书，新政从尚书。其尚书省官，请以乞台普济、脱虎脱等为之。"帝并从其议。塔思不花言："此大事，遽尔更张，乞与诸老臣更议之。"帝不从。三宝奴言："尚书省既立，更新庶政，变易钞法，用官六十四员。其中宿卫之士有之，品秩未至者有之，未历仕者有之，此皆素习于事，既已任之，乞勿拘例，授以宣敕。"仍改各行中书省为行尚书省，以尚书条画颁示天下，敢有沮挠者罪之。

九月，帝从乐实言，钞法大坏，乃改造至大银钞，凡十三等，每一两准至元钞五贯，白银一两，黄金一钱。随路立平准行用库，买卖金银，倒换（缗）〔昏〕（据元史卷二三武宗纪、薛鉴改）钞，或民间丝绵布帛赴库回易，依验时估给价。随处路、府、州、县设立常平仓，以权物价，丰年收籴粟麦米谷，值青黄不接之时，比附时估，减价出粜，以遏沸涌。金银私相买卖，及海船兴贩金、银、铜钱、丝绵、布帛下海者，并禁之。

尚书省言："古者设官分职，各有攸司。方今地大民众，事益繁冗，若使省臣总挈纲领，庶官各尽厥职，其事岂有不治。顷岁省（费）〔务〕（据同上书改）壅塞，朝夕惟署押文案，事皆废弛，天灾民困，职此之由。自今以始，省、部一切皆令从宜处置，大事或须上请，得旨即行。用成至治，上顺天道，下安民心。"又言："国家地广民众，古所未有。累朝格例，前后不一，执法之吏，轻重任意。请自太祖以来所行政令九千余条，删除繁冗，使归于一，编为定制。"并从之。

时又立资国院于大都，山东、河（南）〔东〕（据元史卷二三武宗纪、续纲目、薛鉴改）、辽阳、江淮、湖广、四川立泉货监六，产铜之地设提举司十九，铸钱曰至大通宝者，〔每一文准银钞一厘，曰大元通宝者〕（据续纲目、薛鉴补），准至大钱十文，与历代钱通用。其当五、当三、折二，并以旧数用之。既而御史言："至大银钞始行，品目繁多，民犹未悟，而又兼行铜钱，虑有相妨。今民间拘收铜器甚急，民殊不便。乞与省臣详议。"不报。

尚书省上言："三宫内降之旨，曩中书奏请勿行，臣等谓宜仍旧行之。傥于大事有害，则复奏请。中书之务乞以尽归臣等。至元二十四年，凡宣敕亦以尚书省掌之，今臣议乞从尚书省任人，而以宣敕省官委中书。"从之。

三年（庚戌、一三一〇）六月，诏尚书省右丞相脱虎脱、左丞相三宝奴，尽总百司庶务。三宝奴言："省、部官不肯恪勤署事。"敕："自今晨集暮退，苟或怠弛，不必以闻，便宜罪之。其到任者，或一再月辞以病者，杖罢不叙。"

四年（辛亥、一三一一）正月，帝崩。皇太子罢尚书省，脱虎脱、三宝奴、乐实、保八、王罴等皆伏诛。初，皇太子以脱虎脱等变乱旧章，流毒百姓，凡误国者欲悉按诛之。延庆使杨朵儿只谏曰："为政而首尚杀，非帝王治也。"太子感其言，特诛其尤者。既而御史言："脱虎脱等既正典刑，而党附之徒布在列司，若孛罗、忙哥铁木儿、阔里吉思、乌马儿等，奸贪害政，今中书方欲用为各省平章、参政等官，宜加罢黜。"遂流忙哥等于海南。寻复以行尚书省为行中书省，有司百务复归中书。

四月，罢行<u>至大</u>银钞铜钱，资国院及各处泉货监提举司俱罢。应尚书省已发各处<u>至大</u>钞本及<u>至大</u>铜（钞）〔钱〕（据<u>元史</u>卷二四<u>仁宗纪、薛鉴</u>改），截日封贮，民间行使者赴行用库倒换。<u>杨朵儿只</u>曰："法有便否，不当视立法之人为废置。铜钱与楮币相权而用，古之道也，何可遽废耶？"言虽不用，时论是之。

<u>陈邦瞻</u>曰：<u>元</u>世尚书省之设凡三，<u>阿合马</u>、<u>桑哥</u>、<u>脱虎脱</u>三人相终始，初皆以言利当人主意，尚书省盖专为理财用设也。中书何不可理财，而必别设一省与之并哉？由<u>元</u>世任用勋旧，诸人皆新进，若与之同官，势必出其下，不可得志。惟别立尚书省，而中书之权遂夺，权夺而诸勋旧束手拥虚位矣，此<u>阿合马</u>诸人之谋也。

元史纪事本末卷十六

诸儒出处学问之概

世祖至元十八年（辛巳、一二八一）三月，许衡卒。衡自辞国子祭酒归怀孟，至是病革。家人祀先，衡曰："吾一日未死，敢不躬祀。"扶而起，奠献如仪。既彻，家人馂，怡怡如也。已而卒，年七十三。怀人无贵贱少长，皆哭于其门。四方学士大夫闻讣，皆为位而哭。衡尝语其子曰："我平生虚名所累，竟不能辞官。死后慎勿请谥，勿立碑，但书'许某之墓'四字，使子孙识其处足矣。"后赠司徒，封魏国公，谥文正。虞集曰："南北未一，许衡先得朱子之书，伏读而深信之，持其说以事世祖。儒者之道不废，衡实启之。"衡学问始末，与姚枢、窦默、赵复等出处，俱附见宋编。

十九年（壬午、一二八二）十二月，征处士刘因。因字梦吉，容城人。天资绝人，日记数千言，过目成诵。初为经学，究训诂注释之说，叹曰："圣人精意，殆不止此。"及得周、邵、程、朱之书，一见即曰："我固谓当有是也。"及论其学之所长，曰："邵至大也，周至精也，程至正也，朱子极其大、尽其精而贯之以正也。"爱诸葛孔明"静以修身"之语，表所居曰"静修"。至是，以不忽木荐，诏征之，擢右赞善大夫。寻以继母老辞归，俸给一无所受。后复以集贤学士征，因上宰相书力辞。帝闻之，曰："古有所谓不召之臣，其斯人之徒欤。"遂不强。三十年，卒于家。

成宗大德七年（癸卯、一三〇三）夏四月，兰溪处士金履祥卒。履祥字吉父，幼敏睿，及长，从学同郡王柏及何基之门。基则学于黄幹，而幹则亲得朱熹之传者。宋将亡，遂绝意进取，屏居金华山中，训迪后学，谆切无倦。及何基、王柏之丧，履祥率其同门之士，以义制服，观者始知师弟之系于彝伦也。履祥尝谓司马文正公作资治通鉴，刘恕为外纪以记前事，不本于经而信百家之说，是非谬于圣人，不足以传信。乃用邵氏皇极经世历、胡氏皇王大纪之例，损益折衷，一以尚书为主，下及诗、礼、春秋，旁探旧史诸子，表年系事，断自唐尧以下，接于通鉴之前，勒为一书，名曰通鉴前编。以授门人许谦曰："二帝三王之盛，其微言懿行，宜后王所当法。战国申、商之术，其苛法乱政，亦后王所当戒。则是编不可以不著也。"谦尝序其论孟考证曰："圣贤之心尽在四书，而四书之义备于朱子。顾其立言，词约意广，读者咸得其粗而不能悉究其义，或以一偏之致自异，而初不知未离其范围。世之诋訾贸乱，务为新奇者，其弊正在此耳。此金先生考证之所由作也。始余三四读，自以为瞭然，已而不能无惑，久若有得，觉其意初不与己异，愈久而所得愈深，与己意合者亦大异于初矣。童而习之，白首不知其要领者何限？其可以易心求之哉。"当时以基之清介纯实似尹和靖，柏之高明刚正似谢上蔡，履祥则亲得之二氏，而并充于己者也。居仁山之下，学者称为仁山先生。

十一（二）〔一〕（据元史卷一八九萧𣂏传、续纲目、薛鉴改）年（丁未、一三〇七）十二月，征处士萧𣂏为太子谕德。𣂏字惟斗，陕西奉元人。初，出为府史，与上官语不合，即引退。读书南山者二十年，不求进取。博极群书，及门受业者甚众。乡人有暮行遇盗，诡曰："我萧先生也。"盗惊愕释去。世祖时，辟为陕西儒学提举，不赴。后累授集贤直学士、国子司业，改集贤侍读学士，俱不赴。至是，征拜太子右谕德。扶病至京师，入觐东宫，书酒诰为献，以朝廷时尚酒故也。寻以病请解职。或问之，则曰："礼，东宫东面，师傅西面，此礼今可行乎？"俄擢集贤直学士、国子祭酒，依前右谕德，固辞而归。卒，谥贞敏。同时有韩择，字从善；侯均，字伯仁；同恕，字宽甫；恕弟子第五居仁，字士安：皆奉元人，以学行名振关中，学者宗之。

文宗天历二年（己巳、一三二九）春正月，赠𣗃山处士杜瑛为翰林院学士，谥文献。瑛字文玉，其先霸州信安人。亡金时，避地河南𣗃山中，搜访诸书尽读之。世祖中统初，诏征为怀孟提举学校官，不赴。杜门著书，优游道艺，以终其身。所著书曰春秋地理原委十卷，语孟旁通八卷，皇极引用八卷，皇极疑事四卷，极学十卷，律吕律历礼乐杂志三十卷，文集十卷。其于律则究其始，研其义，长短清浊，周径积实，各以类分，取经史之说以实之，而折衷其是非。其于历则谓造历者皆从十一月甲子朔夜半冬至为历元，独邵子以为天开于子，取日甲、月子、星甲、辰子为元会运世之数，无朔虚，无闰余，率以三百六十为岁，而天地之盈虚，百物之消长，不能出乎其中矣。论闭物开物，则曰开于己，闭于戌。五，天之中也；六，地之中也；戌己，月之中星也。又分卦配之纪年，金之大定庚寅，交小过之初六，国朝之甲寅三月二十有三日寅时，交小过之九四。其说多先儒所未发云。

至顺二年（辛未、一三三一）六月，吴澄卒。澄字幼清，抚州崇仁人。自幼用力圣贤之学，尝著说曰："道之大原出于天，神圣继之。尧、舜而上，道之元也。尧、舜而下，其亨也。洙、泗、邹、鲁，其利也。濂、洛、关、闽，其贞也。分而言之，上古则羲皇其元，尧、舜其亨，禹、汤其利，文、武、周公其贞乎。中古之统，仲尼其元，颜、曾其亨，子思其利，孟子其贞乎。近古之统，周子其元，程、张其亨也，朱子其利也，孰为今日之贞乎？未之有也。然则可以终无所归哉！"其早以斯文自任如此。宋末，举进士不第，隐居布水谷，读书著述，遂不复出。至元中，召至京师，欲官之，以母老辞归。朝廷命有司即其家录所著书，置于国子监。除江西儒学副提举，以疾去。寻为翰林学士，<u>泰定</u>间谢病归。士大夫皆迎请执业，而四方之士，不惮数千里，蹑履负笈，来学山中者，常不下千数百人。少暇即著书，至将终，犹不置也。于<u>易</u>、<u>书</u>、<u>诗</u>、<u>春秋</u>、<u>礼记</u>各有<u>纂言</u>，尽破传注穿凿，以发其蕴，条归纪叙，精明简洁，卓然成一家言。作<u>学基</u>、<u>学统</u>二篇，使人知学之本，与为学之叙。尤有得于<u>邵尧夫</u>、<u>陆子静</u>之学。校定<u>皇极经世书</u>，又校正<u>老子</u>、<u>庄子</u>、<u>太玄经</u>、<u>乐律</u>及<u>八阵图</u>、<u>郭璞葬书</u>。初，<u>澄</u>所居草屋数间，<u>程钜夫</u>题曰"<u>草庐</u>"，故学者称之为<u>草庐先生</u>。卒年八十五，有大星坠其舍东北。赠<u>临川郡公</u>，谥<u>文正</u>。

<u>顺帝元统二年</u>（甲戌、一三三四）夏四月，<u>休宁处士陈栎</u>卒。<u>栎</u>字<u>寿翁</u>，少有异质。宋亡，科举废，<u>栎</u>慨然发愤，致力于圣贤之学，以<u>朱熹</u>氏为宗。<u>延祐</u>初，诏科举取士，<u>栎</u>不欲就试，有司强之试，中选，遂不赴礼部。教授于家，不出门户者数十年。所居堂曰<u>定宇</u>，学者称为<u>定宇先生</u>。至是卒，年八十三。<u>揭傒斯</u>志其墓，与<u>吴澄</u>并称，曰："<u>澄</u>居通都大邑，又数登用于朝，天下学者四面而归之，故其道远而章，尊而明。<u>栎</u>居万山间，与木石居，而足迹未尝出乡里，故其学必待其书之行，天下乃能知之。及其行也，亦莫之御，是可谓豪杰之士矣。"世以为知言。

<u>栎</u>同郡<u>胡一桂</u>、<u>胡炳文</u>。<u>一桂</u>字<u>廷方</u>，<u>婺源</u>人。初，<u>德兴沈贵宝</u>受<u>易</u>于<u>董梦程</u>，<u>梦程</u>受<u>朱熹</u>之<u>易</u>于<u>黄榦</u>。<u>一桂</u>父<u>方平</u>，及从<u>贵宝</u>、<u>梦程</u>学，尝著<u>易学启蒙通释</u>。<u>一桂</u>之学出于<u>方平</u>，得<u>朱熹</u>氏源委之正，所著书有<u>周易本义附录</u>

纂疏、(本义)〔周易〕启蒙翼传（据千顷堂书目一改）、朱子诗传附录纂疏，并行于世。学者称双湖先生。炳文字仲虎，亦以易名家，作易本义通释，而于朱熹所著四书用力尤深。馀干饶鲁之学本出于朱熹，而其为说多与熹牴牾。炳文深正其非，作四书通，凡词异而理同者，合而一之；辞同而指异者，析而辨之，往往发其未尽之蕴。东南学者因其所自号称云峰先生。

至元三年（丁丑、一三三七）冬十月，金华处士许谦卒。谦字益之。父觚，宋淳祐七年进士。谦少孤，甫能言，母陶授以孝经、论语，入耳辄不忘。既长，遭国亡而家亦破，自力于学。借书于人，以四部分〔昼夜〕（据元史卷一八九许谦传补）读之。所涉向博，而有疑无所从质，闻乡先生金履祥深明道学之要，遂委己而学焉。履祥告之曰："吾儒之学，理一而分殊，理不患其不一，所难者分殊耳。"又曰："圣人之道，中而已矣。"谦由是致其辨于分之殊，而要其归于理之一，每事每物求乎中者而用之。盖自其登金氏之门，即以圣贤之学为己任，师弟子间口授指画，尽得其相传之奥。履祥没，谦益加充阐，自得者为多。于书无所不观，穷探圣微，有不可通，即不敢强。于儒先之说所未安者，亦不敢苟同也。谦学于天文、地理、典章、制度、食货、刑法、字学、音韵、医经、数术，靡不该贯。一事一物可为博闻多识之助者，必谨志之。而异端之说，必洞究其蕴奥。其教学者，以五性人伦为本，以开明心术、变化气质为先，以为己为立心之要，以分别义利为处事之制，至诚谆切，内外殚尽，为学者师四十年。部使者数列其行义于朝，郡举茂才，又举遗逸以应诏，皆固辞。江浙乡闱尝请持文衡，亦辞不就。所著述甚众，尤深于易。尝谓伏羲之经，广大悉备。文王、周公、孔子之辞，乃其传注。六爻之义，特发凡举例耳。学者称为白云先生，后谥文懿。

　　王祎曰：尧、舜、禹、汤、文、武、周公相传之道，至孔子乃集其大成。宋周、程氏者作，复续斯道之统。而道南之学由杨时氏，一再传为罗从彦氏、李侗氏，至朱熹氏又集其大成者也。然孔门群弟子，惟曾氏之传得其宗。曾氏以其所传传之子思，子思以传之孟子，一出于正焉。朱氏之徒亦众矣，得其宗者惟黄榦氏，榦传何基氏，基传王柏氏，柏之传为履祥为谦。其授受之渊源，如御一车以行大逵，如执一籥以节众音，推原统绪，必以四氏为朱学之正适，亦何其一出于正，粹然如此也。程氏之学，至朱氏而始明，朱氏之道，至金氏、许氏而益著。使百年以来，学者有所宗乡，不为异说所迁，而道术必出于一，可谓有功于斯道者矣。大抵儒者之功，莫大于为经，经者斯道之所载焉者也。有功于经，即其所以有功于道也。金氏、许氏之为经，其为力至矣，其于斯道，谓之有功非耶。

　　（五）〔至正六〕（据元史卷一八九黄泽传、薛鉴改）年（丙戌、一三四六）十二月，资州处士黄泽卒。泽字楚望。生有异质，自少以明经学道为志。好为苦思，久之，如有所见，作颜渊仰高钻坚论。大德中，<u>江西行省闻其名，授江州景星书院山长</u>。既久，又为山长于<u>洪州东湖书院</u>，受学者益众。秩满即归，闭门授徒，不复言仕。尝以为去圣久远，经籍残阙，传注家率多傅会，近世儒者又各以才识求之，故议论虽多，而经旨愈晦。必积诚研精，有所悟入，然后可以窥见圣人之本真。既乃尽悟失传之旨。自言每于幽闲寂寞、颠沛流离、疾病无聊之际得之，及其久也，则豁然无不贯通。于是六经传注之失，未决之疑，凡数十年苦思而未通者，皆涣然冰释，作<u>十翼举要</u>、<u>三传义例</u>〔<u>考</u>〕（据<u>元史</u>卷一八九黄泽传、千顷堂书目二补）、<u>翼经罪言</u>。吴澄尝观其书，以为平生所见明经士未有能及之者，谓人曰："能言距<u>杨</u>、<u>墨</u>者，圣人之徒也，<u>楚望</u>真其人乎。"然<u>泽</u>雅自慎重，未尝轻与人言。<u>李泂</u>使过<u>九江</u>，请北面为弟子，（授）〔<u>受</u>〕（据<u>元史</u>卷一八九黄泽传、薛鉴改）一经，且将经纪其家。<u>泽</u>谢之曰："以君之才，何经不可明，然亦不过笔授其义而已。若余则于艰苦之余，乃能有见。吾非<u>邵子</u>，不敢以二十年林下期君也。"<u>泂</u>叹息而去。或问<u>泽</u>自閟如此，宁无不传之惧。<u>泽</u>曰："吾道兴废，上关天运，岂区区人力所致。"门人惟<u>新安赵汸</u>为高弟，得其春秋之学为多。

元史纪事本末卷十七

郭守敬授时历

世祖至元十七年（庚辰、一二八〇）十一月甲子，行授时历。

先是至元初，刘秉忠言："大明历自辽、金承用二百余年，浸以后天，宜在所立改。"未及用其议而秉忠没。至十三年，江南略平，天下混一，上思其言，遂议改修新历，立局以庀事，诏郭守敬与王恂率南、北日官，分掌测验，而张文谦、张易领其事，前中书左丞许衡亦参预焉。守敬乃言："历之本在于测验，而测验之器莫先于仪表。今司天浑仪，宋皇祐中汴京所造，与此处天度不符，比量南、北二极，差约四度。表石年深，亦复欹侧，宜尽考其失，更置之。"及择高垲之所，造木为重棚，创简仪、高表，用相比覆。又以为天枢附极而动，昔人尝展管望之，未得其的，作候极仪。极辰既得，天体斯正，作浑天象。象虽形似，莫适所用，作玲珑仪。以表之矩方测天之正圆，莫如以圆求圆，作仰仪。古有经纬，结而不动，改之作立运仪。日有中道，月有九行，合而作证理仪。表高景虚，（其）〔罔〕（据元文类卷五〇郭公行状、元史卷一六四郭守敬传改）象非真，作景符。月虽有明，测景则难，作窥几。历法之验，在于交会，作日食月食仪。天有赤道，轮以当之，两极低昂，标以指之，作星晷定时仪。其器凡十有三。又作正方按、（九）〔丸〕（据元文类卷五〇郭公行状改）表、悬正仪、〔座正仪〕（据元文类卷五〇郭公行状、元史卷一六四郭守敬传补），凡四等，为四方行测者所用。又作仰规覆矩图、异方浑盖图、日出入永短图，凡五等，与上诸仪互相参考。十六年，改局为太史院，以恂为太史令，守敬同知太史院事。乃进所造仪表式于榻前，指陈理致，一一周悉，自朝及夕，上不为倦。因奏：“唐开元间，僧一行令南宫说测景天下，其可考者，（今）〔凡〕（据同上书改）十三处。今疆宇比唐尤广，必多方测验，而后日月交会分数时刻之不同，昼夜长短之不同，日月星辰去天高下之不同，可得周知。”上可其奏，乃置监候官十四人，分道而出，先从南北取直立表以测景。南海，北极出地（二）〔一〕（据元文类卷五〇郭公行状、元史卷四八天文志改）十五度，夏至景在表南，长一尺一寸六分，昼五十（六）〔四〕（据同上书改）刻，夜四十（四）〔六〕（据同上书改）刻。衡岳，北极出地二十五度，夏至日在表端，无影，昼五十六刻，夜四十四刻。岳台，北极出地三十五度，夏至景长一尺四寸八分，昼六十刻，夜四十刻。和林，北极出地四十五度，夏至景长三尺二寸四分，昼六十四刻，夜三十六刻。铁勒，北极出地五十五度，夏至景长五尺一分，昼七十刻，夜三十刻。北海，北极出地六十五度，夏至景长六尺七寸八分，昼八十二刻，夜一十八刻。继又测验，上都北极出地四十三度少，北京北极出地四十二度强，益都北极出地三十七度少，登州北极出地三十八度少，高丽北极出地三十八度少，西京北极出地四十度少，太原北极出地三十八度少，安西府北极出地三十四度半强，兴元北极出地三十三度半强，成都北极出地三十一度半强，西凉州北极出地四十度强，东平北极出地三十五度太，大名北极出地三十六度，南京北极出地三十四度太强，阳（成）〔城〕（据同上书改）北极出地三十四度太弱，扬州北极出地三十三度，鄂州北极出地三十一度半，吉州北极出地二十（三）〔六〕（据同上书改）度半，雷州北极出地二十度太，（璚）〔琼〕州（据同上书改）北极出地十九度太。

十七年，新历成。守敬与诸太史同上奏曰：

帝王之事，莫重于历。自黄帝迎日推策，帝尧以闰月定四时成岁，舜在璇玑玉衡以齐七政，爰及三代，历无定法。周、秦之间，闰余乖次。至汉造三统历，百三十年而是非始定。东汉造四分历，七十余年而仪式方备。又百（三）〔二〕（据元文类卷五〇郭公行状、元史卷一六四郭守敬传改）十一年，刘洪造乾象历，始悟月行有迟疾。又百八十年，姜岌造三纪甲子历，始悟以月食冲检（月）〔日〕（据同上书改）宿度所在。又五十七年，何承天造元嘉历，始悟以朔望及弦皆定大小余。又六十五年，祖冲之造大明历，始悟太阳有岁差之数，极星去不动处一度余。又五十二年，张子信始悟日月交道有表里，五星有迟疾留逆。又三十三年，刘焯造皇极历，始悟日行有盈缩。又三十五年，傅仁均造戊寅元历，颇采旧仪，始用定朔。又四十六年，李淳风造麟德历，以古历章蔀元首分度不齐，始为总法，用进朔以避晦晨月见。又六十三年，僧一行造大衍历，始以朔有四大三小，定九服交食之异。又九十四年，徐昂造宣明历，始悟日食有气、刻、时三差。又二百三十六年，姚舜辅造纪元历，始悟食甚泛余差数。以上计千一百八十二年，历经七十改，其创法者十三家。

自是又百七十四年，唯我圣朝，统一六合，肇造区夏，专命臣等改治新历。臣等用创造简仪、高表，凭测到实数，所考正者凡七事：

一曰冬至。自丙子年立冬后，依每日测到晷影，逐日取对，冬至前后日差同者为准，得丁丑年冬至在戊戌日夜半后八刻半，又定丁丑夏至得在庚子日夜半后七十刻，又定戊寅冬至在癸卯日夜半后三十三刻，己卯冬至在戊申日夜半后五十七刻半，庚辰冬至在癸丑日夜半后八十一刻半，（凡）〔各〕（据同上书改）减大明历十八刻。远近相符，前后应准。

二曰岁余。自刘宋大明历以来，凡测景、验气，得冬至时刻真数者有六，用以相距，各得其时合用岁余。今考（定）〔验〕（据同上书改）四年，相符不差。仍自宋大明壬寅年，距至今日八百一十年，每岁合得三百六十五日二十四刻二十五分，其二十五分为今历岁余合用之数。

三曰日躔。用至元丁丑四月（丁丑）〔癸酉〕（据同上书改）望月食既，推求日躔，得冬至日躔赤道箕宿十度，黄道箕九度有畸。仍凭每日测到太阳躔度，或凭星测月，或凭月测日，或径凭星度测日，立术（准）〔推〕（据同上书改）算，起自丁丑正月，至己卯十二月，凡三年，共得一百三十四事，皆躔于箕，与月食相符。

四曰月离。自丁丑至今，〔凭〕（据同上书补）每日测到逐时太阴行度推算，变从黄道求入转，极迟极疾并平行处，前后凡十三转，计五十一事，内除不的者外，有三十事，得大明历入转后天。又因考验交食，加大明历三十刻，与天道合。

五曰入交。自丁丑五月以来，凭每日测到太阴去极度数，比拟黄道去极度，得月道交于黄道，共得八事。仍依日食法度推求，皆有食分，得入交时刻，与大明历所差不多。

六曰二十八宿距度。盖自汉太初〔历〕（据同上书补）以来，距度不同，互有损益。大明历则于度下余分附以太、半、少，皆私意牵就，未尝实测其数。今新仪皆细刻周天度分，每度为三十六分，以距线代管窥，宿度余分并依实测，不以私意牵就。

七曰日出入昼夜刻。**大明历**日出入昼夜刻，皆据**汴京**为准，其刻数与**大都**不同。今更以本方北极出地高下，黄道出入内外度，立法推求每日日出入昼夜刻，得夏至极长，日出寅正二刻，日入戌初二刻，昼六十二刻，夜三十八刻；冬至极短，日出辰初二刻，日入申正二刻，昼三十八刻，夜六十二刻。永为定式。

所创法者凡五事：

一曰太阳盈缩。用四正定气立为升降限，依立招差，求得每日行分初末极差积度，比古为密。

二曰月（分）〔行〕（据同上书改）迟疾。古历皆用二十八限，今以万分日之八百二十分为一限，凡（折）〔析〕（据同上书改）为三百三十六限，依垛叠（格）〔招〕（据同上书改）差求得转分进退，其迟疾度数逐时不同，盖前所未有。

三曰黄赤道差。旧法以一百一度相（灭）〔减〕（据同上书改）相乘，今依算术勾股、弧矢、方圆、斜直所容，求到度率积差，差率与天道实为吻合。

四曰黄赤道内外度。据累年实测，内外极度二十三度九十分，以圆容方直矢接勾股为法，求每日去极，与所测相符。

五曰白道交周。旧法黄道（推）变〔推〕（据同上书改）白道，以斜求斜。今用立浑比量，得月与赤道正交，距春秋二正黄赤道正交一十四度六十六分，拟以为法，推逐月每交二十八宿度分，于理为尽。

是岁，有诏颁行新历，赐名授时。

于是历虽已颁，而推步之式，立成之数，犹未有成书。会太史卒，守敬乃比次篇类，整齐分秒，裁为推步七卷，立成二卷，历议拟稿三卷，转神选择二卷，上中下三历注式十二卷。二十（二）〔三〕（据同上书改）年，升太史令，遂奏上其书。又为时候笺注二卷，修改源流一卷，仪象法式二卷，二至晷景考二十卷，五（行）〔星〕细行考（据同上书改）五十卷，古今交食考一卷，新测二十八舍杂坐诸星（八）〔入〕宿去极（据同上书改）一卷，新测无名诸星一卷，月离考一卷。并藏之官。

古历天周与岁周小余同于日度四分之一，汉、魏以来，渐觉不齐，而破分之论起。守敬乃用百年为率，小余之下增损各一，以之上推往古，下验方来，无不吻合。乃积年日法、演积分换之说，皆所不用。其所为历，测验既精，设法详具，今且九十年，无分毫差者。旧仪（悉）〔既〕（据元文类卷五〇郭公行状改）多蔽碍，且距齿有度刻而无细分，以管望星，渐外则所见渐展，尤难取的。守敬所为仪，但用天常赤道四游三环三距，设四游于赤道之上，而附直距于四游之外，与双环两间，同结（环）〔线〕（据同上书改）距端。测日月星则以两线相望，取其正中所当之刻之度之分之秒，至为切密。八尺之表，夏至景长尺有五寸，千里为差一寸，其说见于周官、周髀，唐一行虽尝疑之，

而未之有改。守敬乃为表比古制加五倍，上施横梁，每日
中以符窍夹测横梁之景，折取中数，视旧法但取表端之景
者加审矣。

元史纪事本末卷十八

佛教之崇

世祖至元十九年（壬午、一二八二），帝师亦怜真死，（按：亦怜真卒于至元十六年，见元史卷一〇世祖纪，本书下文亦云"亦怜真嗣凡六岁"，其嗣位在十一年，则应卒于十六年，十九年乃下任帝师嗣位之年，而非亦怜真之卒年。下文云，"至是死。"其误同此。）答儿麻八剌（乞列）〔剌吉塔〕（据元史卷二〇二释老传改。下同）嗣。初，土番人八思巴者，相传自其祖朵栗赤，以其法佐国主，霸西域十余世。八思巴生七岁，诵经数十万言，能约通其大义，国人号之圣童。年十五，谒帝於潜邸，与语大悦，日见亲幸。中统元年，帝即位，尊为国师，授玉印。命制蒙古新字，字成上之。其字仅千余，其母凡四十有一，其相关纽而成字者，则有韵关之法；其以二合、三合、四合而成字者，则有语韵之法，而大要则以谐声为宗。至元六年，诏颁行天下，凡玺书颁降，并用蒙古新字，各以其国字副之。遂升号八思巴曰大宝法王。十一年，请告西还，乃以其弟亦怜真嗣焉。十六年，八思巴死，诏赠皇天之下一人之上〔开教〕宣文辅治大圣至德普觉真智佑国如意大宝法王西天佛子大元帝师（据辍耕录卷一二补）。亦怜真嗣凡六岁，至是死，复以答儿麻八剌（乞列）〔剌吉塔〕嗣位。自是每帝师一人死，必自西域取一人为嗣，终元世无改焉。

文宗天历二年（己巳、一三二九），帝师（辇）〔辇〕真吃剌〔失〕思（据元史卷二〇二释老传改补）至，上命朝廷一品以下咸郊迎。大臣俯伏进觞，帝师不为动。惟国子祭酒孛术鲁翀举觞立进曰："帝师释迦之徒，天下僧人师也。予孔子之徒，天下儒人师也。请各不为礼。"帝师笑而起，举觞卒饮，众为之栗然。

按元自太祖起朔方时，已崇尚释教。及得西域，世祖以其地广且险远，俗犷好斗，思有以柔服其人，乃郡县土番之地，设官分职，尽领之于帝师。乃立宣政院，其为使位居第二者，必以僧为之。帅臣以下，亦僧俗并用，军民尽属统理。于是帝师之命，与诏敕并行西土。百年之间，朝廷所以敬礼而尊信之者，无所不用其至，虽帝、后、妃、主，皆因受戒而为之膜拜。正衙朝会，百官班列，而帝师亦或专席于坐隅。且每帝即位之始，降诏褒护，必敕章佩监络珠为字以赐，盖其重之如此。其未至而迎之，则中书大臣驰驿累百骑以往，所过供亿送迎。比至京师，则敕大府假法驾半仗以为前导，诏省、台、院官以及百司庶府，并服银鼠质孙，用每岁二月八日迎佛威仪往迓，且命礼部尚书、郎中专督迎接。及其卒而归葬舍利，又命百官出郭祭饯。大德九年，专遣平章政事铁木儿乘传护送，赗金五百两、银千两、币帛万疋、钞三千锭。皇庆二年，加至赗金五千两、银一万五千两、锦绮杂彩共一万七千疋。虽其昆弟子姓之往来，有司亦供亿无乏。泰定间，以帝师弟公哥亦思监将至，诏中书持羊酒郊劳。而其兄琐南藏卜遂尚公主，封白兰王，赐金印，给圆符。其弟子之号司空、司徒、国公，佩金玉印章者，前后相望。

为其徒者，怙势恣睢，日新月盛，气焰薰灼，延于四方，为害不可胜言。有杨琏真加者，世祖用为江南释教总统，发掘故宋赵氏诸陵之在钱塘、绍兴者及其大臣冢墓，凡一百（十）〔一〕（据元史卷二〇二释老传、续纲目、薛鉴改。按续纲目、薛鉴此事系在至元十五年）所，戕杀平民四人，受人献美女宝物无算，且攘夺盗取财物，计金一千七百两、银六千八百两、玉带九、玉器大小百一十有一、杂宝贝百五十有二、大珠五十两、钞一十一万六千二百锭、田二万三千亩，私庇平民不输公赋者二万三千户。他所藏匿未露者不论也。又至大元年，上都开元寺西僧强市民薪，民诉诸留守李璧。璧方询问其由，僧已率其党持白梃突入公府，隔案引璧发捽诸地，捶扑交下，拽之以归，闭诸空室。久乃得脱，奔诉于朝，遇赦以免。二年，复有僧龚柯等十八人与诸王合儿八剌妃忽秃赤的斤争道，（挺）〔拉〕（据元史卷二○二释老传、续纲目、薛鉴改）妃堕车，殴之，且有犯上等语。事闻，诏释不问。而宣政院臣方奏取旨，凡民殴西僧者截其手，詈之者断其舌。时仁宗居东宫，闻之，亟奏寝其令。泰定二年，西台御史李昌言："尝经平凉府、静、会、定西等州，见西番僧佩金字圆符，络绎道路，驰驱累百，传舍至不能容，则假馆民舍，因迫逐男子，奸污女妇。奉元一路，自正月至七月，往返者百八十五次，用马至八百四十余匹，较之诸王、行省之使，十多六七。驿户无所控诉，台察莫得谁何。且国家之制圆符本为边防警报之虞，僧人何事而辄佩之？乞更正僧人给驿法，且令台宪得以纠察。"不报。必兰纳识里之诛也，有司籍之，得其人畜、土田、金银、货贝、钱币、邸舍、书画、器玩以及妇人七宝装具，价直巨万万云。

若岁时祝釐祷祠之常，号称好事者，其目尤不一。有曰镇雷阿兰纳四，华言庆赞也。有曰亦思满蓝，华言药师坛也。有曰搠思串卜，华言护城也。有曰朵儿禅，华言大施食也。有曰朵儿只列朵四，华言美妙金刚回遮施食也。有曰察儿哥朵四，华言回遮也。有曰笼哥儿，华言风轮也。有曰咱朵四，华言作施食也。有曰出朵儿，华言出水济六道也。有曰党剌朵四，华言回遮施食也。有曰典朵儿，华言常川施食也。有曰坐静，有曰鲁朝，华言狮子吼道场也。有曰黑牙蛮答哥，华言黑狱帝主也。有曰搠思江朵儿麻，华言护〔法〕（据元史卷二〇二释老传改）神施食也。有曰赤思古林搠，华言自受主戒也。有曰镇雷坐静，有曰吃剌察坐静，华言秘密坐静也。有曰斟惹，华言文殊菩萨也。有曰古林朵四，华言至尊大黑神回遮施食也。有曰歇白咱剌，华言大喜乐也。有曰必思禅，华言无量寿也。有曰睹思哥儿，华言白伞盖咒也。有曰〔般〕（据同上书改）札沙剌，华言五护陀罗尼经也。有曰阿昔答撒〔哈〕（据同上书改）昔里，华言八〔千〕颂般若经（据同上书改）也。有曰撒思纳屯，华言大理天神咒也。有曰阔儿鲁弗卜屯，华言大轮金刚咒也。有曰且八迷屯，华言无量寿经也。有曰亦思罗八，华言最胜王经也。有曰撒思纳屯，华言护神咒也。有曰南占屯，华言〔坏〕（据同上书改）相金刚也。有曰卜鲁八，华言咒法也。又有作擦擦者，以泥作小浮屠也。又有作答儿刚者。其作答儿刚者，或一所、二所，以至七所。作擦擦者，或十万、二十万，以至三十万。又尝造浮屠二百一十有六，实以七宝珠玉，半置海畔，半置水中，以镇海灾。

延祐四年，宣徽使会每岁内庭佛事所供，其费以斤数者，用面四十三万九千五百，油七万九千，酥二万一千八百七十，蜜二万七千三百。自至元三十年间，醮祠佛事之日仅百有二，大德七年，再立功德司，遂增至五百有余。僧徒贪利无已，交结近侍，欺昧奏请，布施莽斋，所需非一，岁费千万，较之大德，不知几倍。又每岁必因好事奏释轻重囚徒，以为福利，虽大臣如阿里，阃帅如别沙儿等，莫不假是以逭其诛。宣政院参议李良弼受赇鬻官，直以帝师之言纵之。其余杀人之盗，作奸之徒，夤缘幸免者多。至或取空名宣敕以为布施而任其人，可谓滥矣。凡此皆有关乎一代之治体者，故今备著焉。若夫天下寺院之领于内外宣政院，曰禅，曰教，曰律，则固各守其业，惟所谓白云宗、白莲宗者，亦或颇通奸利云。

元史纪事本末卷十九

武仁授受之际

成宗大德三年（己亥、一二九九）十二月，命怀宁王海山出镇漠北。海山，帝兄答剌麻八剌之长子，母曰弘吉剌氏，同母弟曰爱育黎拔力八达。

九年（乙巳、一三〇五）六月，立子德寿为皇太子。

十月，帝不豫，皇后秉政。诏出爱育黎拔力八达与其母弘吉剌氏，出居怀州。

十二月，太子德寿卒。

十年（丙午、一三〇六）十二月，爱育黎拔力八达至怀州。所过郡县，供帐华侈，悉令撤去，严饬扈从毋扰于民，民皆感悦。

十一年（丁未、一三〇七）正月丙（辰）〔寅〕（据元史卷二一成宗纪改）朔，帝大渐，免朝贺。癸酉，崩于玉德殿。

皇后卜鲁罕以己尝谋出爱育黎拔力八达及其母居怀州，至是恐其兄海山立，必报前怨，乃命召安西王入京师，欲立之。左丞相阿忽台，平章（赛典赤）〔八都〕马辛，〔赛典赤〕伯颜（据元史卷二二武宗纪、卷一一二宰相年表、续纲目、薛鉴及下文改补）及诸王明里帖木儿，阴左右之，谋断海山归路，奉皇后垂帘听政，立安西王辅之。于是阿忽台以祔庙及摄位事，集廷臣议。太常卿田忠良、博士张昇曰："制，祔庙必书嗣皇帝名，今将何书？"御史中丞何玮亦执不可。阿忽台变色曰："制自天降耶？公等不畏死，敢沮大事！"玮曰："死畏不义耳。苟死于义，何畏！"议遂寝。

时右丞相哈剌哈孙收百司符印，封府库，称疾，守宿掖门，内旨日数至，皆不听。众欲害之，未敢发。怀宁王适遣康里脱脱计事京师，哈剌哈孙令亟还报，复遣使南迎爱育黎拔力八达于怀州。使至，爱育黎拔力八达疑未行，其傅李孟曰："支子不嗣，世祖之典训也。今宫车晏驾，大太子远在万里，殿下当急还宫庭，以安人心。"爱育黎拔力八达乃奉其母行，先遣孟趋哈剌哈孙觇之。适后使问疾哈剌哈孙所，孟入，长揖，引其手诊之，众谓孟医也，竟不疑。既而知安西之变有日，还报曰："事急矣，不可不早图之。"爱育黎拔力八达曰："当以卜决之。"孟召卜者，谓曰："大事待尔而决，第云其吉。"及入筮，果吉。孟曰："筮不违人，是谓大同。"爱育黎拔力八达喜，振袖而起，众翼之登骑，诸臣皆步从。至漳河，值大风雪，田叟有以盂粥进者，近侍却不受。爱育黎拔力八达曰："汉光武尝为寇兵所迫，食豆粥。大丈夫不备尝艰难，罔知稼穑，以致骄惰。"命取食之，赐叟绫一匹，慰遣之。

二月辛亥，<u>爱育黎拔力八达</u>至<u>大都</u>。与母<u>弘吉剌氏</u>入内，哭尽哀，复出旧邸。<u>安西</u>之党见<u>爱育黎拔力八达</u>既至，遂谋以三月三日伪贺其生辰，因以举事。<u>哈剌哈孙</u>闻之，夜遣人启<u>爱育黎拔力八达</u>曰："<u>怀宁王</u>远，不能猝至，恐变生不测，当先事而发。"<u>爱育黎拔力八达</u>复遣都万户<u>囊加歹</u>诣诸王<u>秃剌</u>定计，<u>囊加歹</u>力赞之，乃先二日。三月丙寅，率卫士入内，称<u>怀宁王</u>遣使召<u>安西</u>计事，至即并诸王<u>明里帖木儿</u>执之，鞫问词服，械送<u>上都</u>。收<u>阿忽台</u>、<u>八都马辛</u>、<u>赛典赤伯颜</u>等，诛之。诸王<u>阔阔出</u>、<u>牙忽都</u>进曰："今罪人斯得，太子实<u>世祖</u>之孙，宜早正大位。"<u>爱育黎拔力八达</u>曰："王何为出此言也。彼奸人潜结宫（闱）〔壸〕（据<u>元史</u>卷二四<u>仁宗纪</u>、<u>续纲目</u>、<u>薛鉴</u>改），乱我家法，故诛之，岂欲作威福以觊望神器耶？<u>怀宁王</u>吾兄也，宜正大位，已遣使奉玺北迎之矣。"遂自监国，与<u>哈剌哈孙</u>日夜居禁中以备变，俾<u>李孟</u>参知政事。<u>孟</u>损益庶务，裁抑侥幸，群小多不乐。既而曰："执政大臣当自天子亲用，今銮舆在道，<u>孟</u>未见颜色，诚不敢冒大任。"固辞弗许，遂逃去，不知所之。

五月乙丑，<u>怀宁王</u><u>海山</u>至（大）〔上〕都（据<u>元史</u>卷二二<u>武宗纪</u>、<u>续纲目</u>、<u>薛鉴</u>改）。初，<u>海山</u>闻帝崩，自<u>按台山</u>至<u>和林</u>。诸王、勋戚合词劝进，王曰："吾母及弟在<u>大都</u>，俟宗戚毕会议之。"<u>爱育黎拔力八达</u>既平内难，其母<u>弘吉剌妃</u>惑于日者言，欲<u>海山</u>让位于<u>爱育黎拔力八达</u>。<u>海山</u>闻之，语康里脱脱曰："我捍边陲十年，又胤次居长，星命之言，茫然难信。设我即位后，所为上合天心，下副民望，则虽一日之短，亦足垂名万年，何可以阴阳家言而乖祖宗之托哉。此殆用事之臣擅权专杀，恐他日或治其罪，故为是奸谋耳。汝为我往察事机，疾归报我。"乃亲帅大军由西道，诸王按灰由中道，床兀儿由东道，各以劲卒一万从，而徘徊不进。脱脱驰至大都，入道海山言，妃愕然曰："修短之说，虽出术家，为太子周思远虑，乃我深爱。今贪憝已除，宗王大臣议已定，太子不速来何为？汝所致言，殆有谗间，汝归为我弥缝之，而趣其来。"先是，妃以海山不至，复遣阿沙不花迎之，备道安西谋变始末，及大弟监国，与诸王群臣推戴之意。至是脱脱继往，行至中道，海山与中望见之，趣使同载。脱脱具述妃言，怀宁王大感悟。至是至上都，即以阿沙不花为平章政事，遣还报两宫。爱育黎拔力八达即侍其母来会于上都。废皇后伯岳吾氏居东安，杀之。诛安西王阿难答及诸王明里帖木儿。

甲申，怀宁王即位，诏曰："昔我太祖皇帝以武功定天下，世祖皇帝以文德洽海内，列圣相承，丕衍无疆之祚。朕自先朝，肃将天威，抚军朔方，殆将十年，亲御甲胄，力战却敌者屡矣。方诸蕃内附，边事以宁，遽闻宫车晏驾。乃有宗室诸王、贵戚元勋相与定策于和林，咸以朕为世祖曾孙之嫡，裕宗正派之传，以功以贤，宜膺大宝。朕谦让未遑，至于再三。还至上都，宗亲大臣复请于朕。间者奸臣乘隙，谋为不轨，赖祖宗之灵，母弟爱育黎拔力八达禀命太后，恭行天罚。内难既平，神器不可久虚，宗祧不可乏嗣，合词劝进，诚意益坚。朕勉徇舆情，于五月二十（八）〔一〕（据同上书改）日即皇帝位。任大守重，若涉渊冰，属嗣服之云初，其与民更始，可大赦天下。"追尊考曰顺宗皇帝，尊母弘吉剌氏为皇太后。加哈剌哈孙、朵儿朵海并太傅，阿沙不花太尉，以塔剌海为丞相，床兀儿、乞台普济、明里不花并平章〔政〕（据同上书补）事。

六月，立弟爱黎育拔力八达为皇太子，受金宝。

七月，封秃剌为越王，左迁右丞相哈剌哈孙为和林左丞相。初，皇太子入定内难，阿忽台有勇力，人莫能近，秃剌实手缚之，以功封越王。哈剌哈孙力争，以为旧制非亲王不得加一字之封，秃剌疏属，岂可以一日之功废万世之制。帝不听。秃剌因谮于帝曰："安西谋干大统时，丞相亦尝署其牍。"由是罢为和林行省左丞相。

武宗至大二年（己酉、一三〇九）八月，置太子右卫率府，命右丞相脱虎脱、御史大夫不里牙敦领府事，取河南蒙古军万人隶之。詹事王约曰："左卫率府，旧制有之。今置右府何为？诸公深思之，不可以累储宫也。"太子又命取安西兵器给宿卫士，约谓詹事完泽曰："詹事移文千里取兵器，人必惊疑，主上闻之奈何？"完泽愧曰："实虑不及此。"家令薛居〔敬〕（据元史卷一七八王约传补）言陕西分地五事，命往理之。约不为署行，语之曰："太子，潜龙也，当勿用之时，为飞龙之事，可乎？"遂止。太子喜，谕群下曰："事未经王彦博〔议〕（据元史卷一七八王约传、续纲目、薛鉴补）者，勿启。"一日，约方启事，二宦官侍侧，太子问曰："自古宦官坏人家国，有诸？"对曰："宦官善恶皆有之，但恐处置失宜耳。"太子深然其言。

三年（庚戌、一三一〇）正月，征李孟入见，以为平章政事，同知（枢密）〔徽政〕（据元史卷二三武宗纪、黄金华集卷二三李孟行状改。下同）院事。初，孟既逃去，有谮于帝者曰："内难初定时，孟尝劝皇太子自取。"帝弗之信。一日，太子侍宴，忽戚然改容，帝曰："吾弟何不乐？"太子从容起谢曰："赖天地祖宗神灵，神器有归。然成今日母子兄弟之欢者，李道复之功居多。适思之，不自知其变于色也。"帝即命搜访之，得于许昌陉山。召见，谓宰臣曰："此皇祖妣命为朕宾师者，宜速任之。"至是，乃授中书平章事、集贤大学士，同知（枢密）〔徽政〕院事。

四年（辛亥、一三一一）正月癸酉朔，帝不豫，免朝贺。庚辰，帝崩于玉德殿。

三月庚寅，皇太子即位，诏曰："惟昔先帝，事皇太后，抚朕眇躬，孝友天至。由朕得托顺考遗体，重以母弟之嫡，加有削平内难之功，于其践阼曾未逾月，授以皇太子宝，领中书令、枢密（院）〔使〕（据元史卷二四仁宗纪、薛鉴改），百揆机务，听所总裁，于今五年。先帝奄弃天下，勋戚元老咸谓，大宝之承既有成命，非与前圣宾天而始征集宗亲议所宜立者比，当稽周、汉、晋、唐故事，正位宸极。朕以国恤方新，诚有未忍，是用经时。今则上奉皇太后勉进之命，下徇诸王劝戴之勤，三月十八日，于大都大明殿即皇帝位。可大赦天下。"初，帝在东宫，宦者<u>李邦宁</u>乘间言于<u>武宗</u>曰："陛下富于春秋，皇子渐长。父作子述，古之道也，未闻有子而立弟者。"<u>武宗</u>不悦曰："朕志已定，汝自往东宫言之。"<u>邦宁</u>惭惧而退。及帝即位，左右咸请诛之，帝曰："帝王历数，自有天命，其言何足介怀。"加<u>邦宁</u>开府仪同三司。

元史纪事本末卷二十

铁木迭儿之奸

武宗<u>至大</u>三年（庚戌、一三一〇），<u>云南</u>行省左丞相<u>铁木迭儿</u>擅离职赴阙，<u>尚书省</u>奏，奉旨诘问。寻以皇太后旨赦之。

仁宗<u>皇庆</u>（元）〔二〕年（癸丑、一三一三）（三）〔二〕（据<u>元史</u>卷一一二宰相年表、续纲目改）月，中书右丞相<u>铁木迭儿</u>以病免。先是<u>武宗</u>崩，帝在东宫，以丞相<u>三宝奴</u>等变乱旧章，诛之，用<u>完泽</u>及<u>李孟</u>为中书平章政事，锐欲更张政事。而皇太后在<u>兴圣宫</u>，已有旨召<u>铁木迭儿</u>为中书右丞相，逾月帝即位，因遂相之。及幸<u>上都</u>，命<u>铁木迭儿</u>居守<u>大都</u>。至是，以病去职。

<u>延祐</u>元年（甲寅、一三一四）九月，复以<u>铁木迭儿</u>为中书右丞相。时右丞相<u>合散</u>自言非世勋族姓，不可独当国，

因举**铁木迭儿**自代，遂拜开府仪同三司，录军国重事。居数月，复进右丞相，以**合散**为左丞相。**铁木迭儿**奏言："往时富民往诸蕃商贩，率获厚利，蕃货日重。请遣官置纲，以征其货，私往者没官。"又："请预买**山东**、**河间**运使来岁盐引及各冶铁货以足用。"又："**江南**田粮，虽尝经理，多未核实。可始自**江浙**，以及**江东**、**西**，宜先事严限格，令田主自实，仍禁势豪毋得阻挠。"帝皆从之。寻遣使者分行各省，括田增税，苛急烦扰，**江右**为甚。明年，赣民**蔡五九**作乱，南方骚动，诏罢其事。**五九**寻伏诛。

三年（丙辰、一三一六）三月，中书平章政事**张珪**罢。时帝如**上都**，皇太后以**张珪**尝劾**铁木迭儿**不可使为太师，召**珪**切责，杖之。**珪**创甚，舆归。时**珪**子**景元**宿卫左右，以父病笃辞还。帝惊问故，殊不怿，遣使赐**珪**酒，进拜大司徒。遂谢病归。

四年（丁巳、一三一七）六月，**铁木迭儿**罢，以**合散**为右丞相。**铁木迭儿**之再入相，恃势贪虐，凶秽滋甚，中外切齿，群臣不知所为。平章政事**萧拜住**稍牵制之，中丞**杨朵儿只**慨然以纠正其罪为己任。**上都**富民**张弼**杀人系狱，**铁木迭儿**使家奴胁留守**贺胜**使出之，**胜**不可。**朵儿只**廉得**铁木迭儿**受**弼**赂巨万万，乃与**拜住**及**胜**奏之。而内外御史凡四十余人，共劾其"桀黠奸贪，欺上罔下。占据**晋王**田及卫兵牧地，窃食郊庙供祀马，受诸王人等珍玉之贿动以万计，误国之罪，又在**阿合马**、**桑哥**上。四方愤嫉，咸愿车裂斩首，以快人心。"奏上，帝震怒。**铁木迭儿**惧，逃匿太后宫。朵儿只持之益急，太后召朵儿只责之。帝不忍伤太后意，但罢其相位，而迁朵儿只为集贤学士。

六年（己未、一三一九）四月，铁木迭儿复起为太子太师。中丞赵世延论其不法（数）十〔数〕（按：元史卷一八〇赵世延传称，世延奏劾帖木迭儿罪恶十有三，今据改）事，并内外台劾其不可辅导东宫者又四十余人，帝以太后故，皆不听。

七年（庚申、一三二〇）正月，帝崩。太后以铁木迭儿为中书右丞相。

二月，杀平章萧拜住、御史中丞杨朵儿只。铁木迭儿既相，以二人尝攻其奸恶，必欲报之。遂以太后旨召二人至徽政院，与徽政使失烈门、御史大夫秃秃哈杂问之，罪以违太后旨。朵儿只曰："中丞之职，恨不即斩汝以谢天下。果违太后旨，尔岂有今日耶！"铁木迭儿又引同时御史二人证其罪，朵儿只唾之曰："汝等备员风宪，为是狗彘事耶！"坐者皆惭俯首。铁木迭儿即起入奏。未几，传旨，执二人载诸国门外杀之，并籍其家。是日风沙晦暝，都人汹汹，道路相视以目。后欲夺朵儿只妻刘氏与人，刘翦发毁容自誓乃免。时铁木迭儿日思报复仇怨，诛戮不已。左丞张思明谓曰："山陵甫毕，新君未立，丞相恣行杀戮，人皆谓阴有不臣之心。万一诸王驸马疑而不至，奈何？不可不熟虑也。"众皆危之，铁木迭儿稍悟，曰："非左丞言，几误吾事。"

三月，太子即位，铁木迭儿进开府仪同三司、上柱国、太师。

左迁前中书平章李孟为集贤侍讲学士。铁木迭儿以孟初不附己，欲因其不就阴中之，孟拜命欣然。帝谓铁木迭儿子八尔吉思曰："尔辈谓孟不肯为是官，今何如？"由是无敢言。五月，杀上都留守贺伯颜。铁木迭儿怨伯颜尝发张弼之狱，乃奏其便服迎诏为不敬，杀之，籍其家。

八月，下四川平章政事赵世延狱。初，世延既解中丞，出为四川平章。铁木迭儿犹以世延劾其奸诬，怨之不已，属其党诱世延从弟胥益儿哈呼诬告之，逮世延置对。既遇赦，犹锻炼成狱，请置极典，并究省、台诸臣。帝不允，谓近侍曰："顷铁木迭儿必欲置赵世延于死地，朕素闻其忠良，故每奏不纳。"左右咸称万岁。

英宗至治二年（壬戌、一三二二）八月，铁木迭儿死。铁木迭儿自复相以来，恃其权宠，乘间肆毒，睚眦之私，无有不报。帝觉其所谮毁者皆先帝旧人，滋不悦其所为，乃任左丞相拜住，委以心腹。由是铁木迭儿渐见疏外，因称疾不出。及闻拜住奉旨往立其祖安童碑于范阳，将复莅省事。入朝，至内〔门〕（据元史卷一三六拜住传、续纲目补）。帝闻其来，遣人止之，遂怏怏而死。

三年（癸亥、一三二三）五月，监察御史盖继元、宋翼言："铁木迭儿奸贪负国，生逃显戮，死有余辜。"乃命拆毁所立碑，并追夺官爵，籍没其家。

元史纪事本末卷二十一

晋邸之立

英宗至治三年（癸亥、一三二三）八月，御史大夫铁失弑帝于南坡，及右丞相拜住。初，铁木迭儿既夺爵籍产，铁失等以奸党不自安。帝在上都，夜寐不宁，命作佛事，拜住以国用不足谏止之。既而惧诛者复阴诱群僧，言国当有厄，非作佛事大赦无以禳之。拜住叱曰："尔辈不过图得金帛而已，又欲庇（而）〔有〕（据元史卷一三六拜住传、续纲目、薛鉴改）罪耶！"奸党闻之益惧，乃生异谋。至是，帝自上都南还，驻跸南坡。是夕，铁失与知枢密院事也先铁木儿、诸王按梯不花等谋逆，以铁失所领阿速卫兵为外应。铁失先与前平章政事赤斤铁木儿杀右丞相拜住，而铁失直犯禁幄，手弑帝于卧所，时年二十一。

帝性刚明，尝以地震避殿、彻乐、减膳，近臣有称觞贺者，叱曰："朕方修德不暇，汝为大臣，不能匡辅，反为谄耶！"拜住进曰："咎在臣等，宜求贤自代。"帝曰："无多逊，朕之过也。"尝谓宰执曰："中书选人，署事〔未〕（据元史卷二八英宗纪补）旬日，御史台即改除之。台除者，中书亦然。今山林儒逸良多，卿等不能尽心求访，惟以亲戚故旧更相引用耶！"其明断多类此。然以果于刑戮，奸党畏诛，遂构大变云。

诸王按梯不花及也先铁木儿奉玺绶迎晋王也孙铁木儿于北边。也孙铁木儿者，裕宗之孙，晋王甘麻剌长子也，袭封晋王，仍镇北边。初，王府内史倒剌沙得幸于王，尝侦伺朝廷事机，以其子哈散事丞相拜住，得入宿卫。久之，哈散知铁失欲倾害拜住，遂脱归。是年三月，宣徽使探忒来王邸，为倒剌沙言主上将不利于晋王，由此二人深相要结。八月二日，铁失密遣斡罗思来告曰："我与哈散、也先铁木儿、失秃儿谋已定，事成推立王为皇帝。"又以告倒剌沙曰："尔与马速忽知之，勿令旭迈杰得闻也。"于是王命囚斡罗思，遣别列迷失赴上都，以密谋告变。未至，帝遇弑，于是诸王按梯不花及也先铁木儿奉皇帝玺绶来迎。

九月，晋王即皇帝位于龙居河，大赦天下，以也先铁木儿为右丞相，倒剌沙为中书平章政事，铁失知枢密院事。时诸王买奴言于帝曰："不诛元凶，则陛下善名不著，天下后世何由而知陛下心。"帝深然之。

十月，遣使至大都，以即位告天地、宗庙、社稷。诛逆贼也先铁木儿、完者、秃满等于行在所。以旭迈杰为中书右丞相，<u>纽泽</u>为御史大夫，遣入京师，收<u>铁失</u>及其党<u>赤斤铁木儿</u>等，悉诛之，戮其子孙，籍没家产。惟<u>铁木迭儿</u>子<u>锁南</u>议远流，<u>张珪</u>曰："<u>锁南</u>从逆贼，亲斫丞相拜住臂，乃欲活之耶？"

十一月，帝至<u>大都</u>。

十二月，御史台经历<u>朵儿只斑</u>，御史<u>撒儿塔罕</u>、<u>兀都蛮</u>、<u>郭也先忽都</u>，并坐党<u>铁失</u>免官。于是监察御史<u>赵成庆</u>等言："<u>铁木迭儿</u>在先朝，包藏祸心，离间亲藩，诛戮大臣，使先帝孤立，卒罹大祸。其子<u>锁南</u>，亲与逆谋，久（逃）〔逭〕（据元史卷二九泰定帝纪、薛鉴改）天宪，乞正其罪，以快元元之心。<u>月鲁</u>、<u>秃秃哈</u>、（散）〔速〕<u>敦</u>（据同上书改）等，皆<u>铁失</u>之党，不宜宽宥。"遂并伏诛。

流诸王<u>月鲁铁木儿</u>于<u>云南</u>，<u>按梯不花</u>于<u>海南</u>，<u>曲吕不花</u>于<u>奴儿干</u>，<u>孛罗</u>、<u>兀鲁思不花</u>于海岛，并坐与<u>铁失</u>逆谋。

时<u>旭迈杰</u>等言："<u>南坡</u>之变，诸王<u>买奴</u>逃匿潜邸，愿效死力，且请诛戮元凶，上契宸衷，尝蒙奖谕。今臣等议，宗戚之中，能自拔逆党尽忠朝廷者，惟有<u>买奴</u>。请加封赏，以示激劝。"遂以<u>泰宁县</u>（三）〔五〕（据元史卷二九泰定帝纪、续纲目改）千户封<u>买奴</u>为<u>泰宁王</u>。

议讨逆功，以<u>倒剌沙</u>为左丞相，〔<u>马某沙</u>〕（据元史卷二九泰定帝纪、续纲目、薛鉴补）、<u>纽泽</u>、<u>锁秃</u>并加光禄大夫，赐<u>旭迈杰</u>等金有差。

诏改明年元为<u>泰定</u>。

元史纪事本末卷二十二

三帝之立 明宗 文宗 顺帝

仁宗延祐二年（乙卯、一三一五）十二月，立武宗子和世㻋为周王，出镇云南。初，武宗既立帝为太子，后丞相三宝奴复劝立和世㻋，召康里脱脱言之。脱脱曰："太弟定宗社，居东宫已久，兄弟叔侄世世相承，孰敢紊其序乎。"三宝奴曰："今日兄已授弟，异日能保叔授其侄乎？"脱脱曰："在我不可渝，彼失其信，天实鉴之。"至是，议立太子，铁木迭儿欲固位取宠，乃请立皇子硕德八剌。又与太后幸臣失烈门谮和世㻋于两宫，遂封为周王，遣出镇云南。

三年（丙辰、一三一六）三月，置周王常侍府官属，以秃忽鲁、斡耳朵、尚家奴、孛罗、教化等为之。

十一月，周王和世㻋次延安，其臣秃忽鲁、尚家奴及武宗旧臣厘日、沙不丁、哈八儿秃等皆来会。教化谋曰：

"天下者，我武宗之天下也。王之出镇，本非上意，由左右谗构致然。请以其故白行省，俾闻之朝廷，庶可杜塞离间。不然，事变叵测。"遂与数骑驰去。先是，阿思罕为太师，铁木迭儿夺其位，出之为陕西行省丞相。及教化等至，即与平章政事塔察儿、行台御史大夫脱里伯、中丞脱欢，悉发关中兵，分道自河中府入。已而塔察儿、脱欢袭杀阿思罕、教化于河中，和世㻋遂西行，至北边金山。西北诸王察阿台等闻和世㻋至，咸率众来附。和世㻋至其部，与定约束，每岁冬居札颜，夏居斡罗斡察山，春则命从者耕于野泥。十余年间，边境宁谧。

英宗至治元年（辛酉、一三二一）五月，迁武宗第二子图帖睦尔于琼州。时右丞相铁木迭儿怀私固宠，构衅骨肉，诸王大臣莫不自危。中政使咬住告脱欢察儿等交通亲王，于是徙图帖睦尔居海南，因禁日者毋交通诸王驸马，掌阴阳五科者毋泄占候。

泰定帝泰定元年（甲子、一三二四）正月，召图帖睦尔于琼州。

十月，封图帖睦尔为怀王，居建康。

致和元年（戊辰、一三二八）——九月，文宗天历元年——三月，徙怀王图帖睦尔于江陵。

七月，帝崩于上都，年三十六，葬起辇谷，称为泰定帝。

王祎曰：武宗以兄弟相及，约继世子孙迭居大位。而仁宗惑于憸言，不守宿诺，传位英宗，仍使武宗二子明宗、文宗出居于外。及英宗遇弑，而明宗在北，文宗在南，晋邸乘间入继大统。或谓晋邸非所宜立。虽然，晋王于世祖，孙也，于次为长，虽守藩服，尝有盟书，今而国统之弗继，则求所当立者，舍晋王之系，将谁属耶？然则谓晋邸非所宜立者亦过也。旧传英宗之弑，晋邸与闻乎，故其殁不举请谥升祔之典，明其为贼也。然考之实录，皆不得其实，传闻之谬，乌可信哉。

初，帝由晋邸立，而和世㻋兄弟以武宗子播越南北，人心念之。佥枢密院事燕帖木儿，自以身受武宗宠拔之恩，谋欲立其二子，乘帝有疾，与诸王满秃等阴图其事。至是帝崩，皇后、皇太子遣使诣大都，命平章政事乌伯都剌收掌百司印章，及谕安百姓。

八月甲午，百官集兴圣宫，燕帖木儿率阿剌铁木儿、孛伦赤等十七人，兵皆露刃，号于众曰："武宗皇帝有子二人，天下正统当归之。敢有不顺者死！"遂手缚平章乌伯都剌、伯颜察儿，分命勇士执中书左丞朵朵，参政王士熙，参议脱脱、吴秉道，侍御史铁木哥、丘世杰，太子詹事丞王桓等，皆下狱。燕帖木儿与西安王阿剌忒纳失里共守内庭，推前湖广行省左丞相别不花为中书左丞相，詹事塔失海牙为中书平章，速速为左丞，王不怜吉台为枢密副使，与中书右丞赵世延等分典庶务。调兵守御关隘，征诸卫兵屯京师，下郡县造兵器，出府库犒军士。燕帖木儿直宿禁中，达旦不寐，一夕再徙，人莫知其处。是时周王和世㻋远在沙漠，猝未能至，虑生他变，乃遣前河南参政明里董阿迎怀王图帖睦尔于江陵，密以意谕河南行省平章伯颜，令简兵以备扈从。且令塔失帖木儿矫为南使，言怀王已次近郊，使民无惊疑。

己亥，明里董阿至汴梁，与伯颜合谋，执行省臣，皆下之狱。

癸卯，伯颜杀平章曲烈及右丞别铁木儿。是日，明里董阿等至江陵。甲辰，怀王发江陵，遣使召镇南、威顺、高昌诸王来会。执湖广行省左丞马合谋送京师，以别薛代之。河南行省出府库金银钞锭分给官吏将士，又命有司造乘舆供张仪仗等物，平章伯颜勒兵以俟。参政脱字台独曰："今蒙古军与宿卫之士俱在上都，而令探马赤军守诸隘，吾恐此事之不可成也。"是夜，脱字台将手刃杀伯颜，伯颜觉，遂拔剑杀脱字台，而夺其所部军器马匹。

丁未，燕帖木儿遣其弟撒敦守居庸关，〔子〕（据元史卷一三八燕铁木儿传补）唐其势屯古北口。戊申，燕帖木儿又令乃马台矫为使者北来，言周王亦整兵南行，闻者皆悦。怀王命伯颜为河南行省左丞相，遣孛罗等将兵守潼关。

己酉，丞相倒剌沙杀诸王满秃于上都。满秃时与阿马剌台、宗正札鲁忽赤阔阔出、平章买闾、集贤学士兀鲁思不花、太常礼仪院使哈海赤等十八人，同附燕帖木儿，事觉被杀。

庚戌，怀王至汴梁，伯颜等扈从北行。以前翰林学士阿不海牙为河南行省平章事。辛亥，以燕帖木儿知枢密院事。

壬子，<u>脱脱木儿</u>帅其军自<u>上都</u>来归，即命守<u>古北口</u>。

癸丑，<u>上都</u>诸王以兵分道攻<u>大都</u>。

乙卯，<u>脱脱木儿</u>及<u>上都</u>诸王<u>失剌</u>、平章<u>乃马台</u>、詹事<u>钦察</u>战于<u>宜兴</u>，斩<u>钦察</u>于阵；擒<u>乃马台</u>，送京师戮之；<u>失剌</u>败走。

丁巳，<u>怀王</u>入京师，居大内。

以<u>明里董阿</u>、<u>阔阔台</u>、<u>速速</u>并为平章政事，<u>曹立</u>为右丞，<u>伯颜</u>为御史大夫，<u>赵世延</u>为御史中丞，<u>高昌王铁木儿补化</u>知枢密院事。

己未，<u>上都</u>梁王<u>王禅</u>、右丞相<u>塔失铁木儿</u>、太尉<u>不花</u>、平章政事<u>买闾</u>、御史大夫<u>纽泽</u>等兵次<u>榆林</u>。<u>隆镇卫</u>指挥〔使〕（据<u>元史</u>卷三二文宗纪补。下同）<u>黑汉</u>谋附<u>上都</u>，坐弃市。

是月，<u>倒剌沙</u>立<u>泰定帝</u>子<u>阿</u>（速）〔剌〕<u>吉八</u>（据本书下文改。按：<u>元史</u>卷一〇七宗室世系表作<u>阿里吉八</u>）为帝于<u>上都</u>，年九岁，改元天顺。

九月庚申朔，<u>燕帖木儿</u>督师居<u>庸关</u>，遣<u>撒都</u>以兵袭<u>上都</u>兵于<u>榆林</u>，击败之，追至<u>怀来</u>而还。<u>隆镇卫</u>指挥〔使〕<u>斡都蛮</u>以兵袭<u>上都</u>诸王<u>灭里帖木儿</u>、<u>脱木赤</u>于<u>陀罗台</u>，执之归于京师。

壬戌，<u>怀王</u>遣使祭五岳、四渎。命<u>速速</u>宣谕中外曰："昔在<u>世祖</u>，以及列圣临御，咸命中书省纲维百司，总裁庶政，凡钱谷、铨选、刑罚、兴造，罔不司之。自今除枢密院、御史台，其余诸司及左右近侍，敢有隔越中书奏语者，以违制论。监察御史其纠言之。"赐上都将士来归者钞，各有差。召燕帖木儿赴阙。

上都诸王也先帖木儿等自辽东以兵入迁民镇。

丁卯，燕帖木儿率诸王大臣，请怀王早正大位，以安天下。王以兄周王和世瓎在漠北，欲虚位俟之。燕帖木儿曰："人心向背之机，间不容发，一或失之，噬脐无及。"王曰："必不得已，当明吾志，播告天下。"

己巳，上都诸王忽剌台等引兵入崞州。

遣撒敦拒辽东兵于蓟州东（流）沙〔流〕河（据元史卷一三八燕铁木儿传改）。阿兀剌守居庸关。以也速台儿知行枢密院事，将兵行视太行诸关，西击河中、潼关军。

辛未，杀乌伯都剌，流朵朵、王士熙、伯颜察儿、脱欢等于远州，并籍其家。

壬申，怀王即皇帝位于大都，诏曰："洪惟我太祖皇帝〔肇造区夏，世祖皇帝〕（据元文类卷九即位改元诏补）混一海宇，爰立定制，以一统绪，宗亲各受分地，勿敢妄生觊觎，此不易之成规，万世所共守者也。世祖之后，成宗、武宗、仁宗、英宗，以公天下之心，以次相传，宗王贵戚，咸遵祖训。至于晋邸，具有盟书，愿守藩服，而与贼臣铁失、也先铁木儿等潜通阴谋，冒干宝位，使英宗不幸罹于大故。朕兄弟播越南北，备历艰险，临御之事，岂获与闻？朕以叔父之故，顺承惟谨，于今六年，灾异迭见。权臣倒剌沙、乌伯都剌等，专权自用，疏远勋旧，废弃忠良，变乱祖宗法度，空府库以私其党类，大行上宾，利于立幼，显操国柄，用成其奸。宗王大臣以宗社之重，统绪之正，协谋推戴，属于眇躬。朕以菲德，宜俟大兄，固让再三。百僚耆老以为神器不可以久虚，天下不可以无主，周王辽隔朔漠，民庶遑遑，已及三月，诚恳迫切。朕姑从其请，谨俟大兄之至，以遂朕固让之心，已于致和元年九月十三日，即皇帝位于大明殿。其以致和元年为天历元年，可大赦天下。於戏！朕岂有意于天下哉，重念祖宗开创之艰，恐隳大业，是以勉徇舆情。尚赖尔中外文武臣僚，协心相与，辑宁亿兆，以成治功。咨尔多方，体予至意。"

癸酉，封燕帖木儿为太平王。

乙亥，上都王禅兵袭破居庸关，将士皆溃。燕帖木儿军次三河。

丙子，王禅游兵至大口，燕帖木儿还军次榆河，帝出齐化门视师。

丁丑，燕帖木儿来见曰："乘舆一出，民心必惊。军旅之事，臣请以身任之。"帝即日还宫。

（戊寅）〔己卯〕（据元史卷一三八燕铁木儿传改），燕帖木儿与王禅前军战于榆河，败之，追奔红桥北。其枢密副使阿（敕）〔剌〕帖木儿（据元史卷三二文宗纪、卷一三八燕铁木儿传改）、指挥使忽都帖木儿复以兵会王禅来战，又败之。

辛巳，燕帖木儿与上都军大战于白浮之野，败之。明日大雾，王禅等遁昆山，收集散亡，复来战。燕帖木儿列阵白浮西，敌不敢犯。至夜，撒敦、脱脱木儿前后夹攻，败走之，追及于昌平北，斩首数千级，降者万余人。帝遣使谕燕帖木儿曰："丞相每临阵，躬冒矢石，脱有不虞，奈何？自今第以大将旗鼓督战可也。"燕帖木儿对曰："凡战，臣必以身先之，敢后者论以军法。若委之诸将，万一失利，悔将何及！"

乙酉，上都兵入古北口，将士皆溃，其知枢密院竹温台以兵掠石槽。燕帖木儿先遣撒敦倍道趣石槽，掩其不备击之，自将大军继其后，转战四十余里，至牛头山。擒驸马孛罗帖木儿，（政事）〔平章〕（据同上书改）蒙古塔失、〔雅失〕帖木儿（据同上书补）等，杀之，将校降者万人，余军奔窜，夜遣撒敦出古北口逐之。脱脱木儿与辽东兵战蓟州南，杀获无算。

丁亥，辽东军抵京城，燕帖木儿引兵拒之，令京城召募壮丁，乘城拒守。

戊子，上都诸王忽剌台等兵入紫荆关，将士皆溃。陕西行台御史大夫也先帖木儿〔引〕（据元史卷三二文宗纪补）兵从大庆关渡河，擒河中府官，杀之。万户彻里帖木儿军溃而遁，河东官吏皆弃城走。

十月己丑，燕帖木儿引兵至通州，击辽东军，败之。遣脱脱木儿将兵四千，西援紫荆关。

癸巳，上都诸王忽剌台游兵进逼南城。燕帖木儿及（汤）〔阳〕翟王（据元史卷三二文宗纪、卷一三八燕铁木儿传改）太平、国王朵罗台等战于檀子山之枣林，杀太平，死者蔽野，余皆宵遁。

乙未，<u>燕帖木儿</u>等帅军循北山而西，趣<u>良乡</u>。时诸将与<u>忽剌台</u>、<u>阿剌帖木儿</u>等战于<u>卢沟桥</u>，声言<u>燕帖木儿</u>大军至，敌兵皆遁。

丙申，中书省臣言："<u>上都诸王大臣不思祖宗成宪</u>，惑于<u>倒剌沙</u>之言，辄以兵犯京畿。赖陛下神武，<u>王禅</u>遂致溃亡，生擒诸王李罗帖木儿，及诸用事臣<u>蒙古塔失</u>等。既已明正典刑，宜传首四方以示众。"从之。

戊戌，诸将追<u>阿剌帖木儿</u>等至<u>紫荆关</u>，获之，送京师，皆弃市。

己亥，<u>秃满迭儿</u>军复入<u>古北口</u>，<u>燕帖木儿</u>引兵御之，大战于<u>檀州</u>南，败之，<u>秃满迭儿</u>走还<u>辽东</u>。

辛丑，<u>齐王月鲁帖木儿</u>、蒙古元帅<u>不花</u>等以兵围<u>上都</u>，<u>倒剌沙</u>等奉皇帝玺出降。<u>梁王王禅</u>遁，<u>辽王脱脱</u>为<u>齐王月鲁帖木儿</u>所杀，遂收<u>上都</u>诸王符印。<u>阿剌吉八</u>不知所终。

<u>丘濬</u>曰：泰定帝乃裕宗之嫡孙，甘麻剌之长子，于属为宗子，非不当立也。<u>英宗</u>为<u>铁失</u>所弑，诸王迎立之，初不与其谋。<u>武宗</u>二子，次虽当立，然既为<u>英宗</u>所据，则非其有矣。<u>泰定</u>初立之年，即立<u>阿剌吉八</u>为太子，至是五年，名分已定。<u>图帖睦尔</u>遣兵攻之，以致于死地。史不明言其所以致死之繇，然所以致之死地者，<u>图帖睦尔</u>也。律以<u>春秋赵盾</u>之法，非弑而何？

丁未，<u>陕西</u>兵至<u>巩县黑石渡</u>，遂据<u>虎牢</u>，复入<u>武关</u>。

庚戌，帝御<u>兴圣殿</u>，诸王大臣奉上皇帝宝。分遣使者檄行省、内郡罢兵。

甲寅，元帅也速答儿执湘宁王八剌失里送京师。初，八剌失里及赵王马札罕、诸王忽剌台，承上都之命，各起所部兵，南侵冀宁，还次马邑，至是被执。

十一月辛酉，也先捏兵至武安，也先铁木儿以军降。

甲子，陕西兵进逼汴梁，闻朝廷传檄罢兵，乃解去。

甲戌，迁泰定后雍吉剌氏于（安）东〔安〕州（据元史卷三二文宗纪、续纲目改）。

庚辰，遣使奉迎周王和世㻋于漠北。

癸未，倒剌沙、王禅、马某沙、纽泽、撒的迷失、也先铁木儿等俱弃市。

十二月甲寅，复遣治书侍御史撒迪等迎周王。时诸王皆劝周王南（迁）〔还〕（据元史卷三一明宗纪、续纲目、薛鉴改）京师，周王遂发北边。诸王察阿台、元帅朵列捏等咸率师扈行，旧臣孛罗、尚家奴、哈八儿秃皆从。至金山岭北，命孛罗如京师。

二年（己巳、一三二九）正月庚申，遣前翰林学士承旨不答失里北还周王行在所，仍命太府太监沙班剌奉金币以往。

乙丑，复遣中书左丞跃里帖木儿迎周王。

壬午，周王遣孛罗至京师。

乙酉，撒迪等见周王于行幄，劝进。

丙戌，周王即皇帝位于和宁之北。遣撒迪还京师，命之曰："朕弟曩尝观书史，迩者得无废乎？听政之暇，宜亲贤士大夫，讲论史籍，以知古今治乱得失。卿等至京师，当以朕意谕之。”旧臣及两宫之人闻北使至，皆欢呼曰：“吾天子真自北来矣！”争先迎谒，所至成聚。二月辛卯，立妃弘吉剌氏为皇后。

辛丑，追尊周王母亦乞烈氏、母唐兀氏并为皇后。

辛亥，帝敕群臣曰：“撒迪还言，大兄已即皇帝位。凡二月二十一日以前除官者，速与制敕，后凡铨选，其诣大兄行在以闻。”

三月辛酉，帝遣燕帖木儿奉皇帝宝于行在所。

四月癸巳，燕帖木儿见于行在所。行在嘉其功，拜为太师，复谕之曰：“凡京师百官，朕弟所用者，并仍旧，其谕以朕意。”燕帖木儿因奏：“陛下君临万方，国家大事所系者，中书省（臣）（据元史卷三一明宗纪删）、枢密院、御史台而已，宜择人居之。”遂以武宗旧人哈八儿秃为中书平章政事，伯帖木儿知枢密院事，宇罗为御史大夫。

甲午，立行枢密院，命昭武王〔火沙〕知院事，（火沙）（据同上书改）赛帖木儿、买奴同知院事。是日，宴诸王大臣于行殿，因谕台臣曰：“太祖有训，美色名马，人皆悦之，然方寸一有系累，即能坏名败德。卿等居风纪之司，亦尝念及此乎？世祖初立御史台，首命塔察儿、奔帖杰儿二人协司其政。天下国家，譬如一人之身，中书则右手也，枢密则左手也。左右手有疾，治之以良医，省、院阙失，不以御史台治之，可乎？凡诸王百司违法越礼，一切举劾，风纪重则贪墨惧，犹斧斤重则入木深，其势然也。朕有阙失，卿等亦宜以闻，朕不尔责。”

癸卯，行在遣使立帝为皇太子。

己未，皇太子遣翰林学士承旨阿璘帖木儿觐于行在。

乙亥，行在敕大都省臣铸皇太子宝。时求故太子宝，不知所在，乃命更铸之。

丁丑，皇太子发京师，北迎行在。

六月丁亥，行在次坤都也不剌，遣近侍别不花至京师。

庚戌，皇太子次于上都之六十〔里〕店（据元史本证卷六补）。

辛亥，行在次哈儿哈纳秃。诏谕中书省臣："凡国家钱谷、铨选诸大政事，先启皇太子，然后以闻。"

八月乙酉，行在次于王忽察都。丙戌，皇太子入见。是日，行在宴皇太子及诸王大臣于行殿。

庚寅，帝暴崩于行在。皇太子入临，哭尽哀。燕帖木儿以行在皇后之命，奉皇帝宝授于皇太子。

胡粹中曰：闻之故老言，燕帖木儿奉上玺绶，明宗从官有不为之礼者，燕帖木儿且怒且惧。既而帝暴崩。燕帖木儿闻哭声，即奔入帐中，取宝玺，扶文宗上马南驰。本史乃言皇太子入哭尽哀，燕帖木儿以皇后命，奉皇帝宝授于太子，其说不合。岂当时忌讳，有不敢明言者欤？

癸巳，皇太子至上都。己亥，皇太子复即位于上都，大赦天下。以伯颜为左丞相，钦察台、阿儿思兰海牙、赵世延并为平章政事，朵儿〔只〕（据元史卷三三文宗纪、续纲目、薛鉴补）为右丞，阿荣、赵世安并参知政事，塔失铁木儿知枢密院，<u>铁木儿补化</u>、<u>铁木儿脱</u>并御史大夫。

九月丁巳，帝还<u>大都</u>。

十月丙申，上大行皇帝尊谥，庙号<u>明宗</u>。

<u>至</u>顺元年（庚午、一三三〇）三月，封皇子<u>阿剌忒纳答剌</u>为<u>燕王</u>。

四月，皇后<u>弘吉剌氏</u>杀<u>明宗</u>皇后<u>八不沙</u>。

五月，废<u>明宗</u>子<u>妥欢帖睦尔</u>。时帝将立其子<u>阿剌忒纳答剌</u>为皇太子，乃以<u>妥欢帖睦尔</u>乳母夫言，<u>明宗</u>在日，素谓太子非其子，黜之<u>江南</u>，驿召翰林学士<u>阿璘帖木儿</u>、<u>奎（文）〔章〕阁</u>（据<u>元史</u>卷一八一<u>虞集</u>传、<u>薛鉴</u>改）大学士<u>忽都鲁笃弥实</u>书其事于<u>脱卜赤颜</u>。又召<u>虞集</u>使书诏，播告中外。

十二月，立<u>燕王</u><u>阿剌忒纳答剌</u>为皇太子。

二年（辛未、一三三一）正月，皇太子<u>阿剌忒纳答剌</u>卒。

八月，诏（太）〔皇〕（据<u>元史</u>卷三五<u>文宗</u>纪、<u>续纲目</u>、<u>薛鉴</u>改）子古（剌）〔纳〕答（纳）〔剌〕（据<u>元史</u>卷三五<u>文宗</u>纪改）出居<u>燕帖木儿</u>家。

十一月，诏养<u>燕帖木儿</u>之子<u>塔剌海</u>为子。

三年（壬申、一三三二）八月，帝崩于<u>上都</u>，庙号<u>文宗</u>。

十月庚子，<u>鄜王</u><u>懿璘质班</u>即皇帝位。王，<u>明宗</u>第二子也。帝始崩时，<u>燕帖木儿</u>请皇后立皇子<u>燕帖古思</u>，（按：<u>古纳答剌</u>于三月癸巳更名为<u>燕帖古思</u>，本书失于记载。）后不从，命立<u>鄜王</u>，时年甫七岁，百司庶务，咸启皇后取进止。

十一月戊寅，尊皇后为皇太后。

壬辰，<u>鄜王</u>薨，庙号<u>宁宗</u>。

皇太后遣右丞阔里吉思迎妥欢帖睦尔于静江。初，妥欢帖睦尔既废，徙高丽，使居大青岛，后又徙静江。至是，鄜王薨，燕帖木儿复请立燕帖古思，皇太后曰："吾子尚幼，妥欢帖睦尔在广西，今年十三矣，且明宗长子，于理当立。"乃遣阔里吉思往迎之。

四年（癸酉、一三三三）——六月，顺帝元统元年——三月，燕帖木儿死。燕帖木儿自秉权以来，肆行无忌，一宴或宰十三马，取泰定后为夫人，前后尚宗室女四十人，有交礼三日遽遣归者。后房充斥，不能尽识，一日宴赵世延宅，男女列坐，见坐隅一妇甚丽，意欲与俱归，顾左右曰："此为谁?"对曰："太师家人也。"自后荒淫日甚，体羸溺血而死。

六月己巳，妥欢帖睦尔即皇帝位于上都。初，帝自广西迎至，百官具卤簿迎于良乡。燕帖木儿既见，并马徐行，具陈迎立之意，帝畏之，一无所答。燕帖木儿疑其意不可测，故至京久不得立。适太史亦言其立则天下乱，用是议未能决，迁延者数月。至是，燕帖木儿死，皇太后乃与大臣定议立之，且约后当传与燕帖古思，若武宗、仁宗故事。

七月，立燕帖木儿女伯牙吾氏为皇后。

八月，奎章阁侍书学士虞集谢病归。帝之将立也，召诸老臣赴上都议，集亦预焉。中丞马祖常使人告集曰："御史有言矣。"盖以文宗尝命集书诏言帝非明宗子，故祖常以此讽集使去，集乃谢病归。集既去，侍臣有以旧诏言者，帝不怿曰："此我家事，岂由彼书生耶。"不问。

后至元元年（乙亥、一三三五）六月，左丞相唐其势伏诛，遂杀皇后伯牙吾氏。唐其势，燕帖木儿子也。时右丞相伯颜独秉政，唐其势忿曰："天下本我家天下，伯颜何人而位吾上。"遂与其叔父句容郡王答邻答里潜蓄异心，谋立宗王（冕）〔晃〕火帖木儿（据元史卷三八顺帝纪、续纲目、薛鉴改。下同）。帝数召答邻答里不至，郯王（撒撒）〔彻彻〕秃（据元史卷一三八唐其势传、卷一〇八诸王表改）发其谋。唐其势伏兵东郊，率勇士突入宫，伯颜及完者帖木儿等掩捕获之，并杀其弟答剌海。时答剌海走匿皇后座下，后蔽以衣，左右曳出斩之，血溅后衣。伯颜使人并执后，后呼帝曰："陛下救我！"帝曰："汝兄弟为逆，岂能相救。"乃迁后出宫，伯颜杀之于开平民舍。（冕）〔晃〕火帖木儿亦自杀。诏曰："曩者文宗皇帝以燕帖木儿尝有劳伐，父子兄弟显列朝廷，而辄造事衅，出朕远方。文皇寻悟其妄，有旨传次于朕。燕帖木儿贪利幼弱，复立朕弟懿璘质班，不幸崩殂。今丞相伯颜追奉遗诏，迎朕于南。既至大都，燕帖木儿犹怀两端，迁延数月，天殒厥躬。伯颜等同辞翊戴，乃正宸极。后撒敦、答里、唐其势等相袭用事，交通宗王（冕）〔晃〕火帖木儿，图危社稷，阿察赤亦尝与谋。赖伯颜等以次掩捕，明正其罪。元凶构难，贻我皇太后震惊，朕用兢惕。永惟皇太后后其所生之子，一以至公为心，亲擘大宝，俾予兄弟。迹其定策两朝，功德隆盛，近古罕比。虽尝奉上尊号，揆之朕心，犹未为尽，已命大臣特议加礼。伯颜为武宗捍御北边，翊戴文皇，兹又克清大憝，明敕国宪，爰赐答剌罕之号，至于子孙，世世永赖。可大赦天下。"

八月，尊皇太后为太皇太后。

六年（庚辰、一三四〇）六月，诏废文宗庙主，迁太皇太后弘吉剌氏于东安州安置，放燕帖古思于高丽。诏曰："昔武宗升遐，太后惑于憸慝，俾皇考出封云南。英宗遇害，我皇考以武宗之嫡，（远）〔逃〕（据元史卷四〇顺帝纪、续纲目、薛鉴改）居沙漠，（亲）〔宗〕（据同上书改）王大臣，同心翊戴。于时以地近先迎文宗，暂总机务。继知天理人伦所在，假让位之名，以宝玺来上。皇考推诚不疑，即立为皇太子。文宗当躬迓之际，乃与其臣月鲁不花、也里牙、明里董阿等谋为不轨，使我皇考饮恨上宾，归而再御宸极。又私图传子，乃构邪言，嫁祸于八不沙皇后，谓朕非明宗之子，遂俾出居遐陬。内怀愧嫌，则杀也里牙以杜口。上天不祐，（遂）〔随〕（据同上书改）降殒罚。叔婶不答失里怙其势焰，不立明考之冢嗣，而立（幼）〔孺〕（据同上书改）稚之弟懿璘质班，奄复不年。诸王大臣，以贤以长，扶朕践阼。赖天之灵，权奸屏黜。永惟鞠育罔极之恩，忍忘不共戴天之义。其命太常撤去图帖睦尔在庙之主，不答失里削去太皇太后之号，徙东安州安置，燕帖古思放诸高丽。当时贼臣月鲁不花、也里牙已死，其以明里董阿等明正典刑。"时监察御史崔敬言："文皇获不轨之愆，已撤庙祀，叔母有阶祸之罪，亦削鸿名，尽孝正名，斯亦足矣。惟念皇弟燕帖古思，年方在幼，罹此播迁，天理人情，有所不忍。方明皇上宾，皇弟（方）〔尚〕（据续纲目、薛鉴改）

在襁褓，未有知识，义当矜悯。伏望陛下迎归太后母子，以尽骨肉之义。"不报。未几，太后殂于<u>东安州</u>，<u>燕帖古思</u>遇害于中道。

元史纪事本末卷二十三

脱脱之贬 哈麻附

顺帝至元六年（庚辰、一三四〇）二月，黜中书大丞相伯颜为河南行省左丞相。伯颜既诛唐其势，独秉国钧，遂专权自恣，变乱成宪，虐害天下，渐有异谋，帝患之。伯颜欲以所养弟之子脱脱宿卫，侦帝起居，惧涉物议，乃以知枢密院汪家奴、翰林学士承旨沙剌班同侍禁近，实属意脱脱。脱脱政令日修，卫士拱听约束。伯颜自领诸卫精兵，以燕者不花为屏蔽，导从之盛，填溢街衢，而帝仪卫反落落如晨星，势焰熏灼，天下之人知有伯颜而已。脱脱深忧之，私请于父马札儿台曰："伯父骄纵已甚，万一天子震怒，则吾族赤矣。曷若于未败图之。"其父亦以为然。脱脱复质于师吴直方，直方曰："大义灭亲。大夫但知忠于国耳，余复何顾焉。"一日见帝，乘间自陈忘家徇国之意，帝犹未之信。时帝前后左右皆伯颜之党，独世杰班、阿鲁为帝腹心，乃遣二人与脱脱游，日以忠义之言相与往复论辩，益悉其心靡他，遂闻于帝，帝始信之无疑。及伯颜构陷郯王彻彻笃，奏赐死，帝未允，辄杀之；又擅贬宣让、威顺二王，帝不胜其忿，决意逐之。一日，泣语脱脱，脱脱亦泣下。归复与直方谋，直方曰："此大事，议论之际，左右为谁？"曰："阿鲁及脱脱木儿。"直方曰："子之伯父，挟震主之威，此辈苟利富贵，其语一泄，则主危身戮矣。"脱脱乃延二人于家，置酒张乐，昼夜不令出。遂与世杰班等谋，欲候伯颜入朝擒之。戒卫士严宫门出入，螭坳皆为置兵。伯颜见之大惊，召脱脱责之。对曰："天子所居，防御不得不尔。"然遂疑脱脱，亦增兵自卫。至是，伯颜以所领卫兵请帝出田，脱脱劝帝称疾不往。伯颜固请，乃命太子燕帖古思出次柳林。脱脱遂与阿鲁等合谋，悉拘京城门钥，命所亲信列布城门下。是夜，奉帝居玉德殿，召省、院大臣先后入见，出五门听命。夜二鼓，遣怯薛月可察儿率三十骑抵营中，取太子入城。又召杨瑀、范汇入草诏，数伯颜罪状，出为河南行省左丞相。命平章事只儿瓦歹赍赴柳林。黎明，伯颜遣骑士至城下问故，脱脱倨城上宣言："有旨，黜丞相一人，诸从官皆无罪，可各还本卫。"伯颜奏乞陛辞，不许。道出真定，父老奉觞酒以进。伯颜曰："尔曾见有子杀父事乎？"对曰："不曾见子杀父，惟闻有臣弑君。"伯颜俯首有惭色。

以马札儿台为太师、右丞相，脱脱知枢密院。

诏，脱脱之外，诸侯王不得悬带弓箭及环刀辄入内府。

十月，马札儿台辞右丞相，仍为太师，以脱脱为中书右丞相。脱脱既秉政，悉更伯颜所行，复科举取士，行太庙四时祭，雪郯王之冤，召还宣让、威顺二王，禁减盐额，蠲负逋，开经筵，中外翕然称贤相焉。

至正三年（癸未、一三四三）十二月，以别儿怯不花为左丞相。

四年（甲申、一三四四）五月，脱脱罢，以阿鲁图为中书右丞相。脱脱固辞相位，帝问谁可代者，以阿鲁图对，遂召用之。封脱脱为郑王。

七年（丁亥、一三四七）六月，诏免太师马札儿台官，安置于西宁。时阿鲁图罢，别儿怯不花为右丞相，以宿憾谮马札儿台，故有是诏。脱脱力请与父俱行。时相欲倾之，因有告变者，复移于西域撒思之地。御史大夫亦怜真班曰："脱脱父子无大过，奈何迫之于险。"遂召还甘肃。马札儿台寻卒。

九年（己丑、一三四九）〔闰〕（据元史卷四二顺帝纪、薛鉴补）七月，复以脱脱为中书右丞相。初，马札儿台卒，左丞相太平请令脱脱归葬，左右以为难，太平为之固请，脱脱得还。及拜太傅，脱脱不知太平之有德于己也，因汝中柏谗间成隙，欲中伤之。是时中书参政孔思立等，皆一时名人太平所拔用者，悉诬以罪黜去。太平既罢，又诬劾之。脱脱母闻之，谓脱脱兄弟曰："太平好人，何害于汝而欲去之？汝兄弟若违吾言，非吾子也。"遂止。太平故吏田复劝之自裁，<u>太平</u>曰："吾无罪，当听于天。若自杀，则诚有歉矣。"遂还奉元，杜门不出。

十二年（壬辰、一三五二）八月，<u>脱脱</u>自请出师伐<u>徐州</u>贼<u>李二</u>，诏许之。兵部尚书密迩<u>麻和谟</u>等言："大臣天子之股肱，中书庶政之根本，不可一日离。乞留<u>脱脱</u>以弼亮天工，庶内外有兼治之宜。"不报。遂诏<u>脱脱</u>以答刺罕、太傅、右丞相分省于外，总制诸路军马，凡爵赏诛杀，悉听便宜从事。<u>脱脱</u>寻破贼于<u>徐州</u>，即军中加拜太师，趣还朝。

先是，<u>脱脱</u>弟<u>也先帖木儿</u>出师讨<u>刘福通</u>，驻<u>沙河</u>，军夜溃。西台御史<u>范文</u>、<u>刘希曾</u>等劾其丧师辱国，<u>脱脱</u>庇之，诏不问。中台御史<u>周伯琦</u>阿附<u>脱脱</u>，劾<u>文</u>等越分干誉，乃左迁西台御史大夫<u>朵儿直班</u>为<u>湖广</u>平章，而尽出<u>文</u>等，由是人不敢言事。<u>汝中柏</u>等复言于<u>脱脱</u>曰："不杀<u>朵儿直班</u>，丞相终不安。"乃命给军饷，总兵者希指数侵辱之，不为动。<u>脱脱</u>复遣助教<u>完者</u>至军中，讽使害之。<u>完者</u>至，谓人曰："平章，国家耆勋旧德，吾苟害之，人将不食吾余矣。"<u>朵儿直班</u>竟卒于<u>黄州</u>。

十三年（癸巳、一三五三）正月，以<u>哈麻</u>为中书（平章政事）〔右丞〕（据元史卷二〇五哈麻传、续纲目改）。先是<u>脱脱</u>西行也，<u>别儿怯不花</u>为相，以宿怨每欲中伤之，赖<u>哈麻</u>在上前营护得免。<u>别儿怯不花</u>又与<u>太平</u>、<u>韩嘉讷</u>、<u>秃满迭儿</u>等十人结为兄弟。及<u>脱脱</u>复相，谪<u>太平</u>陕西，出<u>别儿怯不花</u>般阳，<u>秃满迭儿</u>四川右丞，诬以罪，追至中途杀之，而深德<u>哈麻</u>，复召用。至是，拜（平章）〔右丞〕（据同上书改）。

十四年（甲午、一三五四）九月，脱脱总制诸军，出讨高邮贼张士诚，寻破贼于高邮城外。

十二月，诏削脱脱官爵，安置淮安，以太不花等代总其军。初，脱脱之再相，信用汝中柏，由左司郎中参议中书省〔事〕（据元史卷一三八脱脱传、续纲目、薛鉴补）。平章以下见其议事，莫敢异同，惟哈麻以有德于脱脱，不为之下。汝中柏因潜之脱脱，改为宣政院使，哈麻深衔之。至是，嗾御史袁赛因不花等劾脱脱："出师三月，略无寸功，倾国家之财以为己用，半朝廷之官以为（己）〔自〕（据元史卷四三顺帝纪、续纲目、薛鉴改）随。其弟御史大夫也先帖木儿，庸材鄙器，玷污清台，纪纲之政不修，贪淫之心益著。"章三上，诏以脱脱老师费财，已逾三月，坐视寇盗，恬不为意。削去官爵，淮安安置。也先帖木儿安置宁夏。以太不花、月阔察儿、雪雪代将其兵。诏至军中，龚伯璲曰："将在军，君命有所不受。且丞相出师时，尝受密旨，一意进讨可也。诏书且勿开，开则大事去矣。"脱脱曰："天子诏我而我不从，是我与天子抗也，君臣之义何在！"既受诏，即出名甲名马分赐诸将，俾各率所部以听月阔察儿等节制。客省副使哈剌答曰："丞相此行，我辈必死他人之手，今日宁死丞相前！"遂拔刀自刎而死。

十五年（乙未、一三五五）三月，鸩脱脱于云南。初，安置脱脱于淮安，既又移置亦集乃路。至是，台臣犹论其谪轻，故再徙云南之镇西，其弟也先帖木儿徙四川碉门，长子哈剌章肃州，次子三宝奴兰州，仍籍其家产。

十二月，哈麻矫诏杀脱脱于云南。脱脱既贬云南，行次大理，腾冲知府高惠欲以女事之。脱脱曰："吾罪人也，安敢念及此。"巽词拒绝，惠衔之。至是再徙阿轻乞之地，惠发军围之。哈麻又矫诏遣使赐之鸩，遂卒，年四十二。

史臣曰：脱脱事君，始终不失臣节。惟惑于群小，急复私怨，君子病焉。

哈麻者，康里人。与其弟雪雪早备宿卫，帝深宠眷之。而哈麻有口才，尤为帝所嬖幸，累迁宣政殿中侍御史。帝每即内殿，与哈麻以双陆为戏。一日，哈麻服新衣侍侧，帝方啜茶，即噀茶于其衣。哈麻视帝曰："天子固当如是耶？"帝一笑而已。其被爱幸，无与为比。太平为左丞相，深恶之，与御史大夫韩嘉讷谋出哈麻，讽监察御史斡勒海寿列其恶劾奏之。其小罪则受宣让王等驼马诸物，其大者则设帐御幄后，无君臣礼，又恃以提调〔宁〕徽（宁）（据元史卷二〇五哈麻传改。下同）寺为名，出入脱忽思皇后宫闱无间，犯分之罪尤大。〔宁〕徽（宁）寺者，主脱忽思皇后钱粮，而脱忽思皇后，帝庶母也。章再上，帝仅夺哈麻、雪雪官爵，居之草地，而太平等三人俱罢。顷之，复以脱忽思皇后言，夺海寿官，禁锢之，谪太平居陕西，加韩嘉讷赃罪，杖流奴儿干以死，哈麻复用。

初，哈麻尝进西天僧，以运气术媚帝，帝习为之，号演揲儿法。演揲儿，华言大喜乐也。哈麻之妹婿集贤学士秃鲁帖木儿，故有宠于帝，与老的沙、八郎、答剌马吉的、波迪哇儿祃等俱号倚纳，秃鲁帖木儿性奸狡，帝爱之，亦进西番僧伽璘真于帝。伽璘真善秘密法，谓帝曰："陛下虽尊居万乘，富有四海，不过保有见世而已。人生几何，当受此秘密大喜乐禅定。"帝又习之。其法亦名双修法。曰演揲，曰秘密，皆房中术也。帝乃诏以西天僧为司徒，西番僧为大元国师。其徒皆取良家女或三人或四人奉之，谓之供养。于是帝日从事于其法，广取妇女，惟淫戏是乐。又选采女为十六天魔舞，每宫中赞佛则按舞奏乐。宦官受秘密戒者得入，余不与。又为龙舟，自后宫至前宫山下海子内游戏。八郎者，帝诸弟，与其所谓倚纳者，皆在帝前，相与亵狎，甚至男女裸处，号所处室曰皆即兀该，华言事事无碍也。君臣宣淫，而群僧出入禁中，无所禁止，丑声著闻，虽市井之人亦恶闻之。皇太子年日长，尤深疾秃鲁帖木儿等所为，然欲去之未能也。

哈麻既谮杀脱脱，遂拜中书左丞相，雪雪亦由知枢密院拜御史大夫，由是国家大柄尽归其兄弟二人矣。哈麻既相，自以前所进番僧为耻，告其父秃鲁曰："我兄弟位居宰辅，宜导人主以正。今秃鲁帖木儿专媚上以淫亵，天下士大夫必讥笑我，我将除之。且上日趋昏暗，皇太子年长，聪明过人，不若立以为帝而奉上为太上皇。"其妹闻之，归告其夫。秃鲁帖木儿恐皇太子为帝则己必诛，即以闻于帝，然不敢斥言淫亵事，第曰哈麻谓陛下年老故耳。帝大惊曰："朕头未白，齿未落，遽谓我为老耶。"帝即与秃鲁帖木儿谋去哈麻、雪雪。计已定，秃鲁帖木儿走匿尼寺中。明日，帝遣使传旨，哈麻、雪雪毋入朝。御史大夫搠思监因奏劾其罪，帝犹不忍。右丞相定住等论奏不已，始诏哈麻惠州安置，雪雪肇州安置。临行，俱杖死，仍籍其家。

元史纪事本末卷二十四

小明王之立

顺帝至正十一年（辛卯、一三五一）五月，颍州妖人刘福通、萧县李二兵起。先是四方群盗蜂起，有司不能制，及发丁夫开河，民心益愁怨思乱。有韩山童者，栾城人，自其祖父以白莲会烧香惑众，谪徙永（平）〔年〕（据元史卷五八地理志改）。至山童，倡言天下大乱，弥勒佛下生。河南及江淮愚民，翕然信之。福通与杜遵道、罗文素、盛文郁、王显忠、韩咬儿复鼓妖言，言山童实宋徽宗八世孙，当为中国主。福通等乃刑白马、黑牛，誓告天地，遂同起兵，以红巾为号。县官捕之急，山童就擒，其妻杨氏及其子韩林儿逃之武安。惟福通党盛不可制，朝廷乃命同知枢密院秃赤以兵击之。福通既破颍州，遂据朱皋，攻罗山、上蔡、真阳、确山诸县，寻犯（武）〔舞〕阳（据元史卷四二顺帝纪改）、叶县，陷汝宁府及光、息二州，众至十万。李二号芝麻李，亦以烧香聚众，与其党赵均用、彭早住攻陷徐州，据之。

九月，刘福通兵势日盛，右丞相脱脱乃奏以其弟御史大夫也先帖木儿知枢密院事，及卫王宽彻哥总帅诸卫军十余万讨之。复上蔡，擒其党韩咬儿，诛之。

十二年（壬辰、一三五二）二月，定远郭子兴见汝、颍兵起，列郡骚动，遂与其党孙德崖等举兵，自称元帅，攻拔濠州，据之。彻里不花率兵欲复濠城，惮不敢进，惟日掠良民，指称为盗以徼赏。由是人皆汹汹不安，讹言日甚。

〔闰〕（据元史卷四二顺帝纪、薛鉴补）三月，也先帖木儿军溃于沙河。时也先帖木儿驻军沙河，军中夜惊，尽弃军械，北奔汴梁，收散卒退屯朱仙镇。朝廷以也先帖木儿不知兵，遣平章蛮子代之。

九月，右丞相脱脱自出军至徐州，攻其西门。贼出战，奋击破之，芝麻李遁去，赵均用、彭早住遁濠州。追擒其将数十人，遂屠其城。寻召脱脱还朝。

十五年（乙未、一三五五）二月，刘福通自砀山夹河迎韩林儿至，立为皇帝，又号小明王，建都亳州，国号宋，改元龙凤。以其母杨氏为皇太后，杜遵道、盛文郁为丞相，刘福通、罗文素为平章，刘六知枢密院事。拆太清宫材，建宫阙。福通疾遵道专权，命甲士挝杀之，遂自为丞相。

十一月，答失八都鲁进击刘福通，战于长葛，大败，将士皆奔溃。至中牟，收散卒屯聚。会刘哈刺不花引兵来援，大破福通兵，复驻汴梁。

十二月，答失八都鲁大破刘福通于太康，遂围亳州。小明王遁安丰。

十七年（丁酉、一三五七）二月，刘福通遣其党毛贵陷胶州。倪文俊陷（陕）〔峡〕州（据元史卷四五顺帝纪改）。李武、崔德等破商州，攻武关，直趋长安，分掠同、华诸州，三辅震恐。俄为察罕帖木儿所败，乃退。

六月，刘福通攻汴梁，其兵分三道：关先生、破头潘、冯长舅、沙刘二趋晋冀，白不信、大刀敖、李喜喜趋关中，毛贵据山东，其势大振。

十二月，太尉答失八都鲁卒于军。时刘福通攻陷曹、濮、大名、卫辉诸路，答失八都鲁引兵击之。诏遣知枢密院事达理麻失理来援，分兵于雷泽、濮州，以御福通。达理麻失理战没，诸军大溃，答失八都鲁退驻石村。朝廷疑其玩寇失机，使者趣战相踵。敌觇知之，诈为答失八都鲁通好书遗诸路，使者果得之以进。答失八都鲁闻之，忧愤死。

十八年（戊戌、一三五八）五月，刘福通攻汴梁，守将竹贞出走。福通入据其城，乃自安丰迎其主韩林儿居之，以为都。

秋七月，怀庆路守将周全叛附于刘福通。时察罕帖木儿驻军洛阳，遣伯帖木儿以兵守盘子城。周全来战，伯帖木儿为其所杀，遂尽驱怀庆民入汴梁。福通遣全攻洛阳，守将登城，以大义责全。全愧谢退兵，福通杀之。

十九年（己亥、一三五九）八月，察罕帖木儿克汴梁，刘福通复以其主韩林儿走据安丰。

二十三年（癸卯、一三六三）二月，张士诚将吕珍入安丰，杀刘福通，据其城。

二十六年（丙午、一三六六）十二月，小明王韩林儿卒。

元史纪事本末卷二十五

察罕帖木儿克复之功

顺帝至正十二年（壬辰、一三五二）十二月，以察罕帖木儿为汝宁府达鲁花赤。先是汝、颍盗起，江淮诸郡皆残破，朝廷征兵致讨，卒无成功。颍州沈丘人察罕帖木儿奋起义兵，沈丘子弟愿从者数百人，与罗山李思齐同设奇计，袭破罗山。事闻，朝廷授察罕帖木儿汝宁府达鲁花赤，思齐知府事。于是所在义士俱将兵来会，得万人，自成一军，屯沈丘。数与贼战，辄克捷。

十五年（乙未、一三五五），汝、颍贼势滋盛，由汴以南，陷邓、许、嵩、洛等州。察罕帖木儿引其兵转战而北，遂戍虎牢，以遏〔贼〕（据元史卷一四一察罕帖木儿传补）锋。贼乃北渡孟津，焚掠至覃怀，河北震动。察罕帖木儿进战，大败之。余党栅河洲，歼之无遗类，河北遂定。朝廷奇其功，除中书刑部侍郎。苗军以荥阳叛，察罕帖木儿夜袭之，虏其众，遂营中牟。已而淮右贼众三十万，掠汴以西，来捣中牟营。察罕帖木儿结阵待之，以死生利害谕士卒，士卒贾勇决死战，无不一当百。会大风扬沙，自率猛士鼓噪从中起，奋击贼中坚，贼势披靡不能支，弃旗鼓遁走。追杀十余里，斩首无算，军声大振。

十六年（丙申、一三五六），汝、颍贼李武、崔德等陷陕州，遂断殽、函，势欲趋秦、晋。知枢密院事答失八都鲁方节制河南军，调察罕帖木儿及李思齐往攻之。察罕帖木儿即鼓行而西，夜拔殽陵，立栅交口。陕城坚，贼转南山粟给食固守，攻之猝不可拔。察罕帖木儿乃焚马矢营中，如炊烟状以疑贼，而夜提兵拔灵宝城。〔守既备〕（据元史卷一四一察罕帖木儿传补），贼始觉，不敢动。渡河掠安邑，察罕帖木儿追袭，以铁骑蹙之。贼回扼下阳，赴水死者甚众，贼势穷遁去。以功加河北行枢密院事。

十七年（丁酉、一三五七），刘福通遣其党毛贵陷胶州。倪文俊陷（陕）〔峡〕州（据元史卷四五顺帝纪改）。李武等破商州，攻武关，遂直趋长安，掠同、华诸州，三辅震恐。时行台豫王阿剌忒纳失里及省、院官皆恂惧，计无所出。侍御史王思诚曰："察罕帖木儿之名，贼素畏之，宜遣使求援，此上策也。"守将恐其轧己，论久不决。思诚曰："吾兵弱，朝夕失（将）〔守〕（据元史卷一四一察罕帖木儿传、续纲目、薛鉴改），咎将安归？"乃移书察罕帖木儿曰："河南、陕西两省，互为唇齿，陕西危则河南岂能独安？"察罕帖木

儿新复陕州，得书大喜，遂提轻兵五千，与李思齐倍道赴
援。遇贼转战，杀掠无算，贼遂溃。捷闻，朝廷以察罕帖
木儿为陕西行省左丞。未几，贼自巴蜀陷秦陇，据巩昌，
遂窥凤翔。察罕帖木儿即先分兵入守凤翔城，而遣谍者诱
贼围凤翔。察罕帖木儿自将铁骑，昼夜驰二百里赴之，分
军张左右翼掩击，城中军亦开门鼓噪而出，内外合击，呼
声动天地。贼大乱，自相践蹂，斩首数万级，余党皆遁，
关中遂定。

十八年（戊戌、一三五八），贼毛贵等陷山东，遂分道犯
京畿。朝廷征诸道兵入卫，诏察罕帖木儿以兵屯涿州。察
罕帖木儿即留兵戍清湫、义谷，屯潼关，塞南山口，以备
他盗，而自将锐卒赴召。时曹、濮贼方分道逾太行，焚上
党，掠晋、冀，陷云中、雁门、上郡，烽火数千里，复大
掠南还。察罕帖木儿先遣兵伏南山阻隘，自勒重兵屯闻喜、
绛阳。贼果出南山，纵伏兵横击之，贼皆弃辎重走山谷。
遂分兵屯泽州，塞盘子城；屯上党，塞吾儿谷；屯并州，
塞井陉口，以杜太行诸道。贼屡至，守将数血战击却之，
河东悉定。进陕西行（台）〔省〕（据元史卷一四一察罕帖木儿
传、薛鉴改。下同）右丞，兼行台侍御史、同知河南行枢密
院事。于是朝廷乃诏察罕帖木儿守御关、陕、晋、冀，镇
抚汉、沔、荆、襄，便宜行事。察罕帖木儿益务练兵训农，
以平定四方为己责。是年，刘福通陷汴梁，造宫阙，易正
朔，号召群盗，自巴蜀、荆楚、江淮、齐鲁、辽西至甘肃，
所在兵起，势相联结。察罕帖木儿乃北塞太行，南守巩、

洛，自将中军军沔池，将谋取汴。会贼将周全以贼军攻洛阳，察罕帖木儿以奇兵出宜阳，破之。进陕西行（台）〔省〕平章政事，仍兼同知行枢密院事。

十九年（己亥、一三五九），察罕帖木儿以大军次虎牢。先发游骑，南道出汴南，略归、亳、陈、蔡，北道出汴东，战船浮于梁，水陆并下，略曹南，据黄陵渡。乃大发秦兵出函谷，过虎牢，晋兵出太行，逾黄河，俱会汴城下。首夺其外城。察罕帖木儿自将铁骑屯杏花营，诸将环城而垒。贼屡出战辄败，遂婴城以守。乃夜伏兵城南，旦日遣苗军跳梁者略城而东，贼倾城出追，伏兵鼓噪起，邀击败之。又令弱卒立栅外城以饵贼，贼出争之，佯走，薄城西，因纵铁骑突击，悉擒其众。贼由是不敢复出。自五月至八月，谍知城中计穷食且尽，乃与诸将（关）〔闫〕思孝（据元史卷一四一察罕帖木儿传改）等议，各分门而攻。至夜，将士贾勇登城，斩关入，遂拔之。刘福通挟其伪主，从数百骑，出东门遁去。捷闻，进河南平章政事兼枢密，陕西行台御史中丞。诏告天下。先是中原乱，江南海漕不复通，京师屡告饥。至是，河南既定，檄书达江浙，海漕乃复至。

二十一年（辛丑、一三六一），察罕帖木儿克山东。先是，察罕帖木儿既定河南，乃以兵分镇关陕、荆襄、河洛、江淮，而重兵屯太行，营垒旌旗相望数千里。乃日修车船，缮兵甲，务农积谷，训练士卒，谋大举以复山东。至是，谍知山东群盗自相攻杀，而济宁田丰亦降于贼。六月，察罕帖木儿乃舆疾自陕抵洛，大会诸将，与议师期。发并州军出井陉，辽、沁军出邯郸，泽、潞军出磁州，怀、卫军出白马，及洛、汴军，水陆俱下，分道并进。而自率铁骑，建大将旗鼓，渡孟津，逾覃怀，鼓行而东，复冠州、东昌。八月，师至盐河，遣其子扩廓帖木儿及诸将，以精卒五万捣东平。与东平贼遇，两战皆败之，斩首万余级，直抵其城下。察罕帖木儿以田丰据山东久，军民服之，乃遗书谕以逆顺之理。丰及王士诚皆降，遂克东平、济宁。时大军犹未渡，群贼皆聚于济南，而出兵齐河、禹城拒战。察罕帖木儿分遣奇兵，取间道出贼后，南略泰安，逼益都，北徇济阳、章丘，中循滨海郡邑。乃自率大军渡河，与贼将战于分齐，大败之，进逼济南城，而齐河、禹城俱来降，南道诸将亦报捷。再败益都兵于好石桥，东至海滨郡邑，皆闻风送款。攻围济南三月，城乃下。诏拜中书平章政事，知河南、山东行枢密院事，陕西行台中丞如故。察罕帖木儿遂进兵围益都，环城列营凡数十，大治攻具，百道并进。贼悉力拒守。复掘重堑，筑长围，遏南洋河以灌城中。仍分守要害，收辑流亡，郡县户口再归职方，号令焕然。

二十二年（壬寅、一三六二），察罕帖木儿为田丰所杀。时山东俱平，惟益都孤城犹未下。六月，田丰、王士诚阴结贼，复图叛。丰之降也，察罕帖木儿推诚待之不疑，数独入其帐中。丰既谋变，乃请察罕帖木儿行观营垒。众以为不可往，察罕帖木儿曰："吾推心待人，安得人人而防之。"左右请以力士从，又不许，乃从轻骑十有一人行。至王信营，又至丰营，遂为王士诚所刺。先是，有白气如索，长五百余丈，起危宿，扫太微垣。太史奏山东当大水，帝曰："不然，山东必失一良将。"即驰诏戒察罕帖木儿勿轻举，未至而已及于难。诏赠颍川王，谥忠襄。命其子扩廓帖木儿为平章政事，兼知山东、河南行枢密院事，代总其兵。扩廓帖木儿既袭父职，身率将士，誓必复仇，而贼城守益坚。乃遣壮士穴地通道以入。十一月，遂拔其城，执贼首陈猱头等二百余人。取田丰、王士诚之心以祭其父，余党皆就诛。复遣兵取莒州，山东悉平。

元史纪事本末卷二十六

东南丧乱

顺帝<u>至正</u>八年（戊子、一三四八）十一月，<u>台州黄岩</u>民<u>方国珍</u>兵起。初，<u>国珍</u>与<u>蔡乱头</u>等相仇杀，遂入海为乱，劫掠漕运。诏<u>江浙</u>参政<u>朵儿只班</u>讨捕之。追至<u>福州</u>，<u>国珍</u>知事危，焚舟将遁，我兵自相惊溃，<u>朵儿只班</u>遂被执。<u>国珍</u>迫其上招降之状，朝廷从之，授<u>国珍</u>兄弟以官。将治<u>朵儿只班</u>之罪，枢密参议<u>归旸</u>曰："将之失利，其罪固当，然所部皆北方步骑，不习水战，是驱之死地耳。宜募海滨之民习水利者擒之。今<u>国珍</u>遣人请降，决不当从。<u>国珍</u>已败我王师，又拘我王臣，力屈而来，非真降也。必讨之以令四方。"时朝廷方事姑息，卒从其请。<u>国珍</u>兄弟不肯赴，势益猖獗。

十一年（辛卯、一三五一）六月，<u>方国珍</u>兄弟入海，烧掠沿海州郡。朝廷遣江浙行省左丞孛罗帖木儿往击之，兵至大闾洋，国珍夜率劲卒纵火鼓噪，官军不战皆溃，赴水死者过半。孛罗帖木儿被执，反为国珍饰词上闻。朝廷复遣达识帖木迩等至黄岩招国珍，国珍兄弟皆登岸罗拜，退止民间。绍兴总管泰不花欲命壮士袭杀之，达识帖木迩曰："我受诏招降，公等欲擅命耶！"乃止。仍檄泰不花至海滨，散其徒众，授国珍兄弟官有差。

十月，蕲州人徐寿辉等兵起，攻陷蕲水县及黄州路。寿辉自称皇帝，国号天完，改元治平，以邹普胜为太师。攻陷饶州，执魏中立；陷信州，执于大本。二人不屈，并死之。

十二年（壬辰、一三五二）正月，徐寿辉兵陷汉阳，遂陷武昌，行省丞相威顺王宽彻普化等弃城走，寿辉兵复陷安陆府，知府丑驴战不胜，死之。攻沔阳，推官俞述祖战败被执，不屈，寿辉怒，支解之。

二月，徐寿辉兵攻九江，右丞孛罗帖木儿方驻兵于江，闻风宵遁。总管李黼檄乡落，聚木石于险处，遏其归路。黄梅主簿也孙帖木儿愿出击贼，黼与之出战，大败贼兵，杀获二万余人。黼曰："贼不利于陆，必以舟薄我。"乃令以长木数千，冒铁椎于杪，暗植沿岸水中。贼舟数千艘，顺流鼓噪而至，遇木桩不得动，黼发火箭射之，焚溺无算。时东际淮甸，西自荆湖，守臣往往弃城遁，独黼守孤城，中外援绝。而贼势益炽，进兵薄城，分省平章秃坚不花自北门出走。黼引兵登陴，贼已焚西门，张弩射之。转攻东门，矗急往救，城已破，贼兵入矣，犹与之巷战。力不能敌，乃挥剑叱之曰："杀我，无杀百姓!"贼刺之，堕马，与兄冕子秉昭俱死。州人闻之，哭声震地，具棺葬之。时冕居颍，亦死于贼。事闻，赠矗陇西公，谥（文）忠〔文〕（据元史卷一九四忠义传改）。

三月，台州路达鲁花赤泰不花与方国珍战于澄江，死之。时朝廷方征徐州，命江浙募舟师，北守大江。国珍怀疑，复劫其党入海。泰不花遣义士王大用往谕，国珍拘留不遣，而令其党陈仲达往来议降。泰不花具舟，张受降旗，乘潮下澄江，触沙不行。垂与国珍遇，呼仲达申前议，仲达目动气索。泰不花觉其心异，手斩之，即前搏贼船，奋击之。贼群至，欲抱持入其船。泰不花瞋目叱之，夺刀杀贼。贼攒槊刺之，中颈死，犹植立不仆，投其尸海中。事闻，追赠魏国公，谥忠介。

七月，徐寿辉遣项普略引兵掠徽、饶诸州，遂犯昱岭关，攻杭州。城中猝无备，参政樊执敬遽上马率众出，中途与贼遇，乃奋（力）〔刀〕（据元史卷一九五忠义传改）斫贼，中枪而死。时董抟霄从江浙平章教化征安丰，乘胜攻濠州，会朝廷命移军援江南，遂渡江至德清，而杭州已陷。教化问计，抟霄曰："贼见杭州子女玉帛必纵欲，不暇为备，宜急攻之。若退保湖州，使贼乘锐出京口，则江南不可为矣。"教化犹豫未决，诸将亦难其行。抟霄曰："公江浙相君，方面既陷，而及今不取，谁任其咎?"复拔剑顾诸将曰："相君在此，敢有慢令者斩!"遂进兵薄杭州。贼迎敌，麾壮士突前，诸军相继夹击，凡七战，追杀至清河坊。贼奔接待寺，塞其门而焚之，贼皆死，遂复杭州。已而余杭、武康、德清亦次第平，抟霄亦受代去。徽、饶贼复自昱岭关寇於潜，行省乃假抟霄为参政，复提兵讨之。抟霄即日引兵扼新溪，追杀至於潜，复其县，又复昱岭关。贼兵复大至，陷千秋关。抟霄按军不动，伏兵城下，授以火炮，约曰："见旗动即发。"已而视贼稍懈，进兵击之，伏兵见旗动，尽发，遂夺千秋关。贼复攻独松、百丈、幽岭三关，抟霄先以兵守要路，分三道会兵捣贼巢，乘胜复安吉，寻克广德。贼复犯徽州，有道士能作十二里雾，抟霄伏兵击之。已而妖雾开，伏兵皆起，贼大溃，斩首数万级，徽州复平。

九月，以余阙为淮西宣慰副使，守安庆。时寇兵日盛，阙抵官十日而贼至，拒却之。乃集有司诸将议屯田战守策，环境筑堡砦，选精甲外捍，而耕稼于中。浚隍增陴，隍外环以大防，深堑三重，南引江水注之，环植木为栅，城上四面起飞楼，表里完固。俄升都元帅。广西苗军五万从元帅阿思兰沿江下，抵庐州，阙移文谓苗蛮不当使窥中国，诏阿思兰引还。苗军有暴于境者，即收戮之，凛凛莫敢犯。时群盗环布四外，阙居其中，左提右挈，屹为江淮一保障。

十一月，江西行省平章政事星吉击赵普胜，战于湖口，兵败死之。星吉初为南台御史大夫，执政恶之，出为湖广平章，至是移江西。星吉驰赴任，比至江东，复有诏令守江州。时江州已陷，赵普胜、周驴等据池阳、太平诸郡，号百万。星吉募兵得三千人，趋铜陵，克之，擒驴，夺其船六百艘，军声大振，遂复池州。分兵攻石埭诸县，进据清水湾，又大破之。贼久围安庆，闻风烧营遁去。遂进复湖口县，克江州，留兵守之。命王维恭栅小孤山，星吉自据鄱阳口，缀江（西）〔湖〕（据元史卷一四四星吉传改）要冲，以图恢复。日久援不至，贼乘大舰来攻，编苇箔塞上下流，火之。星吉率兵力战，众死且尽，星吉犹坚坐不动，中流矢而仆。贼素闻其名，不忍害，舁至密室乃苏，罗拜馈食。星吉叱之，七日乃自力而起，北向再拜曰："臣力竭矣。"遂绝。星吉，河西人，掇思吉之子。

十三年（癸巳、一三五三）五月，泰州白驹场亭民张士诚及其弟士德、士信起兵，陷泰州。淮南行省遣知府李齐招降被留，久之，贼酋自相戕，始纵齐来归。士诚寻杀参政赵琏，陷兴化县。行省以左丞偰哲笃镇高邮，出齐守甓社湖。会数贼呼噪入城，省宪官皆遁。齐还，城门已闭，士诚遂据高邮，称诚王，国号大周，建元天祐。已而有诏赦之，使至不得入。贼绐言："请李知府来乃受命。"行省强齐往，至则下齐于狱。齐虽辞说百端，而士诚本无降意。士诚呼齐使跪，齐叱曰："吾膝如铁，岂为贼屈。"士诚怒，使拽倒，椎碎其膝而剐之。时论大科三魁，若李黼、泰不华及齐，皆不负科名云。

十月，以方国珍兄弟为各路治中，不受。先是，遣江浙左丞帖里帖木儿、南台侍御史左答纳失里复招谕国珍。既而二人报国珍已降，乞授以五品流官，令纳其船，散遣徒众，遂以国珍为徽州路治中，国璋广德路治中，国英信州路治中。国珍等疑惧不受命，仍拥船千艘，据海道，阻绝粮运。复遣江浙右丞阿儿温沙等率兵讨之。

十二月，江浙行省卜颜帖木儿及西宁王牙罕沙等合军讨徐寿辉于蕲水，寿辉败走，获其官属四百人。初，徐寿辉将王善，既陷罗源，遂攻福州。连江县巡检刘濬募壮士，与其子健，数与力战。濬中箭堕马，健下马掖之，俱被执。濬骂贼而死，健亦以死拒贼。善义而释之，使瘗父尸。健归，请帅府兵以复仇，弗听，因尽散家赀，结死士百人，诈为工商流丐入贼中。半夜，发火大噪，贼惊扰自相杀，健手斩杀其父者，并擒善献于帅府。事闻，赠濬行省检校，授健古田令。

十四年（甲午、一三五四）六月，张士诚寇扬州，达识帖睦迩兵败，诸军皆溃。士诚寻陷盱眙及泗州。

十五年（乙未、一三五五）春正月，徐寿辉遣其将倪文俊复破沔阳，威顺王宽彻普化令其子报恩奴等同元帅阿思蓝，水陆并进讨之。至汉川，水浅，文俊用火（篊）〔筏〕（据元史卷四四顺帝纪、续纲目、薛鉴改）烧船，兵遂败，报恩奴被杀。

三月，徐寿辉兵破襄阳。

五月，倪文俊自沔阳复破中兴路，元帅朵儿只班战死。

十六年（丙申、一三五六）正月，倪文俊建都于汉阳，迎徐寿辉据之。未几，复陷常德、澧州诸路。

二月，张士诚陷平江路，据之，改为隆平府，遂陷湖州、松江、常州诸路。初，或传士诚有降意，朝廷遣乌马儿、孙撝持诏往谕之。士诚拘之一室，迫使降，撝诟斥不绝。及士诚徙平江，撝与士诚部将张茂先者谋，遣人约镇南王，刻日进兵复高邮，事泄被害。

三月，方国珍复降，命为海道漕运万户，其兄国璋为衢州路总管。

七月，张士诚遣兵破杭州，江浙丞相达识帖睦迩遁，平章左答纳失里战死。先是达识帖睦迩兵屡败，议者以为苗军可用，遂自宝庆招土官杨完者至淮南杀贼，以功累官江浙行省参政。至是，士诚兵破杭州，达识帖睦迩（兵）〔遁〕（据元史卷一四〇达识帖睦迩传、续纲目、薛鉴改）入富阳，完者乃自嘉兴引苗军及万户普贤奴，击败士诚兵，复其城，达识帖睦迩乃还。然苗军素无纪律，肆为抄掠，所过荡然无遗。达识帖睦迩方倚完者为重，莫敢禁遏。完者益恣，凡事皆决于完者，达识帖睦迩仅署成案而已。

是年，淮安城陷，廉访使（楮）〔褚〕不华（据元史卷一九四忠义传、续纲目、薛鉴改。下同）死之。（楮）〔褚〕不华居群盗间，守淮安者五年，大小数百战。粮尽，食草木、螺蛤、鱼蛙、乌燕，及靴皮、鞍鞯、革厢、〔败〕（据同上书补）弓之筋俱尽。撤屋为薪，人皆露处。城陷，不华犹据西门力斗，中伤见执，为贼所脔。子伴哥亦死。

十七年（丁酉、一三五七）八月，张士诚侵嘉兴，杨完者败之。士诚乃以书约降，完者欲纳之，达识帖睦迩以其反覆不可信，不许。完者固劝，乃承制假江浙廉访使周伯琦行省参政，至<u>平江</u>招谕之。<u>士诚</u>始要王爵，不许，又请为三公，<u>完者</u>亦力为之请，<u>达识帖睦迩</u>幸其降，遂授<u>士诚</u>太尉，其弟<u>士德</u>淮南平章，<u>士信</u>同知〔行〕（据元史卷一四〇达识帖睦迩传、续纲目、薛鉴补）枢密院事，其党皆授官有差。于是朝廷以招安<u>士诚</u>为<u>达识帖睦迩</u>之功，加太尉。

九月，<u>徐寿辉</u>将<u>陈友谅</u>杀<u>倪文俊</u>，并其军，自称平章。

十八年（戊戌、一三五八）正月，<u>陈友谅</u>破<u>安庆</u>，淮南行省左丞<u>余阙</u>死之。先是，<u>阙</u>固守<u>安庆</u>，倚<u>小孤山</u>为藩蔽，命义兵元帅<u>胡伯颜</u>统水军戍守。<u>友谅</u>自上流引军直捣山下，<u>伯颜</u>与战四日夜，不胜奔还。贼追薄城下，<u>阙</u>遣兵扼之。俄而饶寇攻西门，<u>友谅</u>兵乘东门，既登城，<u>阙</u>拣死士奋击败之。敌兵恚甚，乃并军树栅，起飞楼来攻，<u>阙</u>分兵捍敌，昼夜不得息。至是，<u>池州赵普胜</u>军东门，<u>友谅</u>军西门，<u>饶州</u>军南门，四面蚁集。<u>阙</u>徒步提戈，为士卒先。分遣部将督三门之兵，自以孤军血战，斩首无算，而<u>阙</u>亦被十余创。日中城陷，火起。<u>阙</u>知不可为，乃引刀自刭，堕清水塘中，死。妻<u>蒋氏</u>及妾<u>耶卜</u>、<u>耶律氏</u>，子<u>德臣</u>，女<u>安安</u>，甥<u>福童</u>，亦皆赴井死。同时死者，守臣<u>韩建</u>一家被害，居民誓不从贼，焚死者以千计。其知名者：万户<u>李宗可</u>、<u>纪守仁</u>、<u>陈彬</u>、<u>金承宗</u>，经历<u>段桂芳</u>，都事<u>帖木补花</u>，千户<u>卢廷玉</u>、<u>葛延龄</u>、<u>丘皙</u>、<u>许元琰</u>，奏差<u>兀都蛮</u>，百户<u>黄寅孙</u>，<u>安庆</u>推官<u>黄秃伦歹</u>，经历<u>杨恒</u>，知事<u>余中</u>，<u>怀宁</u>县尹<u>陈巨济</u>。事闻，赠<u>阙</u>平章政事，追封<u>豳</u>国公，谥忠宣。

四月，<u>陈友谅</u>破<u>龙兴</u>。时<u>火你赤</u>以左丞守<u>洪都</u>，旧帅道童任其将章伯颜、普（化）颜不花（据元史卷一四四道童传、续纲目改）捍城，颇有功，火你赤疾而挠之。城陷，火你赤出走，道童奔抚州，谋举兵，为追者所杀。友谅尽陷江西诸路。

十九年（己亥、一三五九）六月，陈友谅遣其党王奉国寇信州，伯颜不花的斤自衢往援，破走其兵。时镇南王子大圣奴屯兵城中，开门出迎，伯颜不花〔的斤〕（据元史卷一九五忠义传、续纲目、薛鉴补。下同）登城四顾，誓以破贼自许。后数日，贼又来攻，遂分兵为三，出城奋击，斩首数千级，复大破之。友谅弟友德植木栅，攻城益急。又遣使来说降，伯颜不花的斤曰："汝来诱我耶，我头可断，足不可移！"乃数其罪而斩之。由是日夜鏖战，粮竭矢尽，而气不衰。城中食草苗茶纸，括靴底，掘鼠罗雀，杀老弱以食。伯颜不花〔的斤〕屡出兵破贼，奉国遂穴地道，昼夜攻之不息。逾旬，城遂陷。伯颜不花的斤与大圣奴及部将海鲁丁、蔡诚、蒋广皆战死。初，伯颜不花的斤之赴援也，入白其母鲜于氏曰："儿今不得事母矣。"母曰："尔为忠臣，吾亦何憾。"因命子也先不花奉其母间道入闽，以江东廉访司印送行台，而提兵向信。鲜于氏，太常典簿枢之女。

十二月，陈友谅徙其主徐寿辉都江州，自称汉王。初，寿辉闻友谅破龙兴，欲徙都之，友谅忌其来，不利于己，不从。至是，寿辉引兵发汉阳，南下江州。友谅阳出迎，而伏兵于城西，俟寿辉既入，门闭伏发，尽杀其部曲，惟存寿辉。以江州为都，居之。遂自称汉王，立王府，置官属，事权尽归友谅，寿辉惟拥虚位而已。

二十年（庚子、一三六〇）三月，陈友谅弑其主徐寿辉。先是，友谅率舟师犯太平，挟寿辉以行。太平既陷，急谋僭窃，乃于采石舟中，佯使人诣寿辉前白事，令壮士持铁挝自后击之，碎其首。寿辉死，友谅遂以采石五通庙为行殿，称皇帝，国号汉，改元大义，仍以邹普胜为太师，张必先为丞相，群下立江岸，草次行礼，值大雨至，略无仪节。

二十三年（癸卯、一三六三）九月，张士诚自称吴王。士诚虽降，而城池、甲兵、钱谷皆自据如故。又素忌杨完者，欲图之，而达识帖睦迩亦厌完者骄肆不可制，乃阴与定计，举兵围之。完者及其弟伯颜皆自杀，士诚遂遣兵据杭城。朝廷因以其弟士信为江浙行省平章〔政〕（据元史卷一四〇达识帖睦迩传、续纲目、薛鉴补）事，方面大权悉归张氏，达识帖睦迩徒拥虚名而已。至是，士诚乃令其部属自颂功德，求王爵，朝廷未许。士诚遂自立为吴王，即平江治宫室，〔立〕（据同上书补）官属。达识帖睦迩后饮药死。

是年，陈友谅之众与大明兵战败，中流矢死，国亡。士诚二十七年始灭。方国珍亦降于大明。

元史纪事本末卷二十七

诸帅之争　孛罗　扩廓　李思齐　张良弼

顺帝至正十九年（己亥、一三五九）（三）〔二〕（据续纲目、薛鉴改）月，诏孛罗帖木儿移镇大同。孛罗帖木儿者，答失八都鲁之子也。从父讨刘福通等，屡立战功。父没，命为河南行省平章政事，代总其众。击福通于卫辉，走之，遂屯真定。复自武安，由彭城，邀截沙刘〔二〕（据元史卷四五顺帝纪、本书卷二四小明王之立补）等，败之。引兵攻拔曹州。至是，朝廷命孛罗帖木儿移镇大同，以为京师捍蔽。复置大都督兵农司，分十道，专督屯田，以孛罗帖木儿领之。

二十年（庚子、一三六〇）八月，诏孛罗帖木儿守石岭关以北，察罕帖木儿守石岭关以南。初，山西晋、冀之地皆察罕帖木儿所平定，而孛罗帖木儿兵驻大同，欲并据晋、冀，遂相仇隙，故有是诏。

九月，孛罗帖木儿复调兵，自石岭关直抵（晋）冀〔宁〕（据元史卷四五顺帝纪、续纲目、薛鉴改。下同），围其城三日，退屯交城。察罕帖木儿发兵拒之。朝廷遣使谕令讲和。未几，复命以（晋）冀〔宁〕禅孛罗帖木儿，察罕帖木儿不从，遣部将琐住等来争，交战于东胜州等处。朝廷为再遣使谕解，二人始各还镇。

二十（一）〔二〕（据元史卷四六顺帝纪、薛鉴改）年（壬寅、一三六二）冬十月，孛罗帖木儿复进屯真定。时察罕帖木儿被害，子扩廓帖木儿代其任。孛罗帖木儿结张良弼，欲复图晋、冀，引兵侵扩廓帖木儿分地，遂据真定路。

二十（二）〔三〕（据同上书改）年（癸卯、一三六三）六月，孛罗帖木儿遣竹贞袭据陕西。时陕西行省右丞答失铁木儿与行台有隙，恐陕西为扩廓所有，阴结孛罗，请竹贞入城，劫御史大夫完者帖木儿印，复拘留之。扩廓遣部将貊高，合李思齐兵攻之，竹贞遂降。

（二十三年）十二月，御史大夫老的沙罢，安置东胜州，老的沙逃匿孛罗军中。时帝在位久，皇太子春秋日盛，军国之事皆其所临决。皇后奇氏乃谋内禅太子，而使宦者朴不花喻意于丞相太平。太平不答，遂罢去，搠思监为丞相。帝益厌政，不花乘间用事，与搠思监相表里，四方警报，皆抑不闻，中外忧愤。宣政院使脱欢与之同恶，为国大蠹。于是监察御史也先帖木儿、孟也先不花、傅公让等乃劾奏朴不花、脱欢奸邪，当屏黜。御史大夫老的沙以其事闻，皇太子执不下，而皇后庇之尤固，御史皆坐左迁。治书侍御史陈祖仁连上皇太子书切谏之，而台臣大小皆辞职，皇太子乃为言于帝，令二人姑辞退。而祖仁言犹不已，又上帝书，言："二人乱阶祸本，今不芟除，后必不利。"侍御史李国凤亦上书争之。由是帝大怒，国凤、祖仁等亦皆左迁。时老的沙执其事颇力，皇太子因恶之，而皇后又潜之于内。帝以老的沙母舅，故封为雍王，遣归国。已而复以朴不花为崇政院使。老的沙至大同，遂留孛罗帖木儿军中。皇太子屡索之，不遣。

二十四年（甲辰、一三六四）三月，诏削孛罗帖木儿官爵。时皇太子方倚扩廓帖木儿为外援，而怨孛罗帖木儿匿老的沙不遣，㧑思监、朴不花遂诬孛罗帖木儿与老的沙等谋不轨。诏削其官，使解兵柄归四川。孛罗拒命不受。

夏四月，诏扩廓帖木儿讨孛罗。孛罗知诏命调遣皆㧑思监所为，遂令秃坚帖木儿举兵向阙。秃坚兵入居庸关，知院也速、詹事不兰奚迎战不利。皇太子率侍卫兵出光熙门，东走古北口，趋兴、松。秃坚兵至清河列营。时京师无备，城中大震，令百官吏卒分守京城。使达达国师至其军问故，秃坚以必得㧑思监、朴不花为对。诏慰解之，不听。乃执㧑思监、朴不花二人畀之，遂复孛罗官爵，总兵事。秃坚率兵自建德门入，觐帝于延春阁，恸哭请罪。帝宴赉之。加孛罗太保，仍守御大同，秃坚为中书平章政事。

五月，皇太子出奔至路儿岭，诏追及之，令还宫。皇太子恚怒不已，遂命扩廓帖木儿调兵分道以讨孛罗。其东

道以白锁住领兵三万守御京师，中道以貊高、竹贞领兵四万，西道以关保领兵五万，合击之。关保等进逼大同，孛罗留兵守大同，而自率兵与秃坚、老的沙复大举向阙。

六月，白锁住以兵至京师。

秋七月，孛罗前锋入居庸关，皇太子亲率兵御于清河，军士皆无斗志，太子驰还都城。白锁住引兵入平则门，遂扈从太子由雄、霸、河间，取道走冀宁。孛罗进军，驻建德门外，与秃坚、老的沙入见帝。孛罗欲追袭皇太子，老的沙止之。帝以孛罗为中书左丞相，寻进右丞相，节制天下军马。老的沙为平章政事，秃坚帖木儿为御史大夫。

二十五年（乙巳，一三六五）三月，皇太子下令扩廓帖木儿军中，讨孛罗帖木儿。孛罗闻之，遂出二皇后奇氏，幽于诸色总管府。顷之，逼后还宫取印章，伪为后书召太子，复逼后出而幽之。遣秃坚帖木儿率众攻上都之附太子者，调也速南御扩廓帖木儿兵。也速次良乡不进，谋之于众，皆以孛罗悖逆，中外同愤，遂勒兵归永平。遣人西连扩廓，东连辽阳诸王，共讨孛罗，军声大振。孛罗患之，遣骁将姚伯颜不花出拒，至通州，河溢，营虹桥以待。也速出其不意，袭破之，擒斩姚伯颜。孛罗大怒，自将出通州，三日大雨而还。时后亦数纳美女于孛罗，至百日，始还宫。

秋七月，孛罗帖木儿伏诛。孛罗先尝以疑杀其将保安，既又失姚伯颜，郁郁不乐，乃日与老的沙等饮宴，荒淫无度，又酗酒杀人，喜怒不测。威顺王之子和尚忿其无君，数言于帝，受密旨，与<u>徐士本</u>谋，结勇士<u>上都马</u>、<u>金那海</u>、<u>伯〔颜〕达儿</u>（据<u>元史</u>卷一一七<u>宽彻普化</u>传补。下同）等，阴图刺杀之。至是，<u>秃坚帖木儿</u>遣使上告征<u>上都</u>之捷，<u>孛罗</u>入奏，行至<u>延春阁</u>下，<u>伯〔颜〕达儿</u>自众中奋出斫之，中其脑，死。<u>老的沙</u>趋出，拥<u>孛罗</u>家属北遁。诏尽杀其部党。<u>秃坚帖木儿</u>引轻兵走<u>八儿思</u>之地。朝廷遣使函<u>孛罗</u>首往<u>冀宁</u>，召太子还京师。

九月，<u>扩廓帖木儿</u>扈从太子至京师。诏以<u>扩廓</u>为中书左丞相、知枢密院事。太子之奔<u>太原</u>也，欲用<u>唐肃宗</u>故事自立，<u>扩廓帖木儿</u>与<u>孛兰奚</u>等不从。及还京师，<u>皇后奇氏</u>传旨，令<u>扩廓帖木儿</u>以重兵拥太子入城，欲胁帝禅之位。<u>扩廓帖木儿</u>知其意，比至京城三十里，即散遣其众。由是皇太子心衔之。

十月，枢密副使<u>观音奴</u>获<u>老的沙</u>，诛之。<u>秃坚帖木儿</u>寻亦被诛。

闰月，封<u>扩廓帖木儿</u>为<u>河南王</u>，还视师。是时中原无事，而<u>江淮</u>、<u>川蜀</u>皆已陷没。皇太子屡请躬出督师征讨，帝难之，乃诏封<u>扩廓</u><u>河南王</u>，代之亲征，总制<u>关陕</u>、<u>晋冀</u>、<u>山东</u>诸道并迤南一应军马，便宜行事。<u>扩廓帖木儿</u>于是分省自随，官属之盛，等于朝廷。

二十六年（丙午、一三六六）二月，<u>扩廓帖木儿</u>移军<u>怀庆</u>，未几又移<u>彰德</u>，调度各处军马。

二十七年（丁未、一三六七），<u>李思齐</u>、<u>张良弼</u>、<u>脱列伯</u>自会于<u>含元殿</u>，推<u>李思齐</u>为盟主，同拒<u>扩廓帖木儿</u>。初，李思齐与察罕帖木儿同起义师，齿位相等夷。及是，扩廓帖木儿代总其兵，思齐心不能平，而张良弼首拒命，孔兴、脱列伯等亦皆以功自恃，各请别为一军，不相属。扩廓帖木儿乃遣关保、虎林赤以兵西攻良弼于鹿台，而思齐遂与良弼合，兵连不能解。扩廓帖木儿始受命南征，反退居彰德，惟思用兵陕西。由是朝廷始疑其有异志。

秋（七）〔八〕（据元史卷四七顺帝纪、续纲目、薛鉴改）月，诏皇太子总制天下军马。诏略曰："曩者障塞决河，本以拯民昏垫，岂期妖盗横造讹言，簧鼓愚顽，涂炭郡邑，殆遍海内，兹逾一纪。故察罕帖木儿仗义兴师，献功敌忾，汛扫汴、洛，克平青、齐。其子扩廓帖木儿，克继先志，用成骏功。皇太子爱猷识理达腊，计安宗社，屡请出师。朕以国本至重，遂授扩廓帖木儿总戎重寄，俾代其行。李思齐、张良弼等各怀异见，构兵不已，以致盗贼愈炽，深遗朕忧。询诸众谋，咸谓皇太子宜遵旧典，总帅天下兵马。其扩廓帖木儿自潼关以东，肃清江淮；李思齐自凤翔以西，与侯伯颜达世进取川蜀；少保秃鲁及张良弼、孔兴、脱列伯共取襄樊。诏书到日，悉宜洗心涤虑，共济时艰。"时朝廷屡促扩廓帖木儿出师江淮，扩廓仅遣其弟脱因帖木儿及貌高等往山东，而与张良弼构兵不已。诏下和解之，扩廓戕杀使臣，跋扈之迹渐张。朝廷疑之，故有是诏。

冬十月，诏罢扩廓帖木儿兵柄。初，诏书虽下，皇太子亦竟止不行，而分兵之命，扩廓帖木儿终捍拒不肯受，于是貌高、关保等皆叛扩廓帖木儿。关保自察罕帖木儿起兵以来即为将，勇冠诸军，功最高。而貊高善论兵，尤为察罕帖木儿所信任。及是，两人见扩廓帖木儿有不臣之心，故皆叛之，列其罪状闻于朝，举兵共攻之。而皇太子用沙蓝答儿、帖林沙、伯颜帖木儿、李国凤等计，立抚军院，总制天下军马，专备扩廓帖木儿。以貊高等能倡大义，赐号忠义功臣。落扩廓帖木儿太傅、中书左丞相，依前河南王，以汝州为食邑，与弟脱因帖木儿同居河南府。从行官属，悉令还朝。诸军在帐前者，白锁住、虎林赤领之；在河南者，李克彝领之；在山东者，也速领之；在山西者，沙蓝答儿领之；在河北者，貊高领之。扩廓帖木儿既闻诏，即退军还泽州。诏又命秃鲁与李思齐、张良弼、孔兴、脱列伯率兵东向，以正天讨。明年，朝廷命左丞孙景逸分省太原，关保以兵为之守。扩廓帖木儿即遣兵据太原，尽杀朝廷所置官。皇太子乃命魏赛因不花及关保，皆以兵与思齐、良弼诸军夹攻泽州。又下诏削夺扩廓帖木儿爵邑，令诸军共诛之。扩廓帖木儿乃退守平阳，而关保遂据泽、潞二州，以与貊高合。

时李思齐、张良弼、孔兴、脱列伯等与扩廓帖木儿相持既久，大明兵时已及河南，思齐等乃遣使诣扩廓帖木儿，告以出师非本心，遂解兵大掠西归。独貊高复攻平阳。当是时扩廓帖木儿气稍沮，而关保、貊高势甚振，数请战，扩廓帖木儿不应，或师出即复退。一日，谍知貊高分兵掠祁县，即夜出师薄其营，击之，大败其众，貊高、关保皆就擒。朝廷闻之，遽罢抚军院，而帖林沙、伯颜帖木儿、李国凤等以误国皆受诛。既而扩廓帖木儿上疏自陈其情，朝廷复下诏涤其前非。于是大明兵已定山东及河洛，中原俱不守。帝乃下诏，复命扩廓帖木儿仍前河南王、中书左丞相，以兵南下，也速兵趋山东，秃鲁出潼关，李思齐出七盘、金、商，图复汴、洛。未几，也速兵溃，思齐兵亦未尝出，扩廓帖木儿又自平阳退守太原，不敢复南向，事已不可为矣。已而大明兵迫京城，帝北奔，国遂以亡。及大明兵至太原，扩廓帖木儿即弃城遁，领其余军西奔于甘肃。后不知所终。

附录一

元史纪事本末叙

史之体有二，左氏以编年而司马氏为纪传世家，编年重在事而纪传世家重在人。重在事者，其人多阔略而无征，重在人者，其事常散漫而难究，故袁氏之通鉴本末出焉。其体兼用左、马，而取其事之最巨与其人之最著者，各以年汇次之，一举始而终了然若指掌，读史者尤便之，而独惜其阙宋、元也。刘侍御阳生尝以冯宗伯未竟之书属陈司勋德远卒业，既毕宋矣，余复以元史请，于是司勋成之而臧晋叔订焉。余读而叹曰：自正统之说行，而秦、晋、隋、元皆黜为闰，青衿而应制科者不得举其凡，而学士大夫之为史学者又多所挂漏，自左、马而下，问以范晔、陈寿之撰，有所不能对，无论元矣。我明之功，议者以为不减开辟，唯夫驱左衽而冠裳之也。然能黜元统而不能尽废元法，如钦天推步则至元间所授，科举三场则皇庆间所定，四书、易、诗之用朱注，书之用蔡注，春秋之用胡传，则延祐间所表章，文武官级则刘秉忠、许衡所建设，漕渠则张礼孙、郭守敬所疏凿，河防筑堤治埽诸法则贾鲁所经营。大抵开创之始所引用者皆胜国之人，所习见者皆胜国之事，故一时纡画厝注多相沿袭。语云，继治世者其道同，继乱世者其道异。由兹以谈，非独治世同也，即乱世亦有不得尽异者矣。元于宇宙间固称极乱，要其盛时，君臣相与讲求创置一代之基，亦自有一代精神足垂于后，此圣祖之所以不尽废也。又其大者，幽燕之墟，古无定鼎，至元而始都，至文皇而遂翼然为万国车书所统会，其视丰、镐、汴、洛，形胜倍之，天之所以启明而昌其运祚者，盖在于此。夫汉之代秦也，唐之代隋，宋之代周也，皆无改其故都，燕邸之分茅，其兆之矣。挈短度长，则元之功于明者巨也。余所最惜元者独有二事，摧抑汉人不得为正官，其达鲁花赤之类皆使其族类为之，华夷之情不相流浃，卒虐用其民以底于乱；又崇奉西僧，至于帝后受戒，俨然弟子，末世沉惑，遂亡其国。然则概元之所以乱，非必尽胡运之衰，毋亦主德荒而民心失，土崩瓦解之形一成而遂不可救欤！司勋氏所辑信近世得失之林，有天下者所宜览观也。余故略论其指，附于法后王之义，因以备殷鉴之万一焉。

万历丙午孟秋应天府府尹勾吴徐申书

（据万历三十四年原刻本）

附录二

元史纪事本末序

先是侍御斗阳刘公既刻宋史纪事本末告成事，复以京兆徐公之言致不佞里中曰："元实代宋，又我朝之所代也，其事尤近，不可无述，子其实重图之。"不佞敬诺，遂取元史稍稍次第其本末，删繁就约，略细举巨，无何，有成帙。乃序而论之曰：

昔者秦起西戎，霸诸侯，至始皇而有天下，汉儒犹谓之紫色余闰，不足当于帝王之次，矧元氏初起尤非秦比者乎。虽然，人知秦与元之不得为正统，而不知天以秦开汉，以元开我朝，虽欲无秦与元而不可得也。甚矣，天意之微也，当春秋季，王道极坏，先王之大经大法糜烂不可复收拾，此亦宇宙更革一大会也。凡封建之不得不为郡县，井田之不得不为阡陌，皆其势也，秦适乘之耳，岂秦独能哉！

然划除先王之旧则义士不予，创百代所未有则民不习而惊，无论秦复济以暴虐，虽欲顺守，其能一日安乎。汉兴，因仍秦旧，稍缘饰以仁义而天下遂翕然而安。秦人作之而汉人守之，秦被其虚名，汉享其实利，四百年大业，大都亡秦旧物耳。汉盖非独取秦，并取其为秦者而为汉也，故曰，天以秦开汉也。惟我朝之于胜国亦然。自石晋以山后赂契丹，宋又失银、绥，而中国之险尽入夷狄。天之所以限内外、界华夷者不欲终废，而地气自北而南，其穷荒绝徼，风气有必开者。于是元起自朔陲，奄燕云，吞全夏，乃始入践中原，而又绕出滇、云蒙、段之区，以及西蜀，而并吴、会，天下始合为一。盖又百余年，而真人起淮甸，上帝全界所覆。当时经营戡定，多在吴越、荆楚间，其北尽燕，南尽滇，仅一指麾而定耳，此非因其势，即天威不至于此。然则中国之险塞复完，裔俗之风气尽开，声教迈乎五帝，疆域过于三代，岂非元氏为之驱除乎，故曰，天以元开我朝也。

嗟乎！当元氏初起，其国无文字，其俗昧死生，其攻城略地无异草剃而禽狝之耳，生人之类不绝于其手者几希！彼且视仁义政教为何物哉，而太祖、太宗即知贵汉人，延儒生，讲求立国之道。世祖见姚枢而叹息，闻许衡之言而止杀，此谁实启之？岂非天哉！自宋亡混一且百年，四方民物小康，先王之旧物有不废于其世者。今设官、定疆、转漕、治历，与夫科举学校之制，因革损益，犹有取焉。呜呼，岂非天哉！董子曰："天不变则道不变。"余于元事益信，论世者其必有取于余言焉。

　万历丙午岁孟秋之吉

　南京吏部稽勋清吏司郎中高安陈邦瞻序

　　　　　（据万历三十四年原刻本）

附录三

元史纪事本末凡例

一，元自太祖起北方，至世祖至元十六年以前，其事俱见宋编，今断自至元十七年为始，而事有与前相系者，仍于其下追书之，以便考究始末。

一，旧史，革命之际起事诸人俱系后代，故陈胜、项籍不系秦而系汉，李密、王世充不系隋而系唐。元末群雄并起，若友谅、士诚、玉珍辈，俱当从此例，故今但略述丧乱之由，而其事应入我朝国史者，俱不载。

（据万历三十四年原刻本）

附录四

四库全书元史纪事本末提要

臣等谨案：元史纪事本末四卷[①]，明陈邦瞻撰。凡列目二十有七，其律令之定一条下注一"补"字，则归安臧懋修[②]所增也。明修元史，仅八月而成书，潦草殊甚。后商辂等撰续纲目，不能旁征博采，于元事亦多不详。此书采掇不出二书之外，故未能及宋史纪事之该博。又于元、明间事皆以为应入明国史，遂于徐达破大都，顺帝驻应昌诸事，皆略而不书。夫元初草创之迹，邦瞻既列于宋编，又以燕京不守，元帝北徂，为当入明史，是一代兴废之大纲，皆没而不著，揆以史例，未见其然。至至正二十六年韩林儿之死，乃廖永忠沈之瓜步，洪武中宁王权作通鉴博论，已明著其事，不过以太祖尝奉其年号，嫌于项羽义帝之事，归其狱于永忠耳，邦瞻更讳之书卒，尤为曲笔。库库特穆尔自顺帝北迁之后，尚为元尽力，屡用兵以图兴复，故太祖称王保保真男子，以为胜常遇春，后秦王樉妃即纳其女，邦瞻乃以为不知所终，亦不免于失实。特是元代推步之法，科举学校之制，以及漕运河渠诸大政，措置极详，邦瞻于此数端，纪载颇为明晰。其他治乱之迹，亦尚能撮举大概，揽其指要，固未尝不可以资考镜也。乾隆四十九年恭校上。

总纂官臣纪昀、臣陆锡熊、臣孙士毅

总校官臣陆费墀

（据文津阁本四库全书史部三纪事本末类）

① 四卷本为万历三十五年黄吉士重刻本，修书时似未见到原刻六卷本。

② 臧懋修，修为"循"字之误。

附录五

宋元纪事本末的编著和流传　　王树民

一

　　宋史和元史二纪事本末是以纪事本末体继通鉴纪事本末而编写的史书。作者陈邦瞻，字德远，明高安（今江西高安县）人，万历年间，曾任南京吏部稽勋司郎中，后官至兵部左侍郎等职，明史卷二四二有传。略早于陈氏有临朐（今山东临朐县）人冯琦，字琢庵，一字用韫，官礼部尚书，明史传在卷二一六，曾草创宋史纪事本末一书，未成而卒。其弟子南昌刘曰梧，字阳生，号斗阳，得其遗稿，万历年间，为监察御史，巡按江南。南京有故侍御史沈越，字中甫，号韩峰，亦以纪事本末体编录宋代史事为事纪若干篇；应天府府丞徐申，字维岳，长洲（今江苏苏州市）人，从其子沈朝阳处见其遗稿。在刘、徐二氏倡议下，由陈氏编为一书。着手编纂于万历三十二年（一六〇四年），历时一年左右而成书，分立一百〇九目，编为二十八卷，共约六十万字，经刘、徐二氏校订刊行。书前有陈氏自序与刘氏刻书序，后有徐氏后序。时刘曰梧之族弟刘曰宁适为南京国子监祭酒，列之于学官，遂与通鉴纪事本末共行于世。

宋史纪事本末刊行后，由徐申动议，请陈氏续编元纪，约用一年左右的时力，写成初稿，由臧懋循参加订补。懋循字晋叔，吴兴（今浙江吴兴县）人。他做的主要工作是补写了一篇律令之定。全书立二十七目，合为六卷，约十万字，亦由刘曰梧为之刊行。书前有徐、陈二人之序，又载有凡例，以至元十六年崖山陷落以前之事归入宋编，朱元璋起兵以后之事列于明史，故元史纪事本末较为简略。目录之后，附载元朝诸帝纪年，便于参考。作者题名形式为：

高安	陈邦瞻	编
吴兴	臧懋循	补
勾吴	徐 申	校
豫章	刘曰梧	

分列四行，刊于每卷正文之前。

万历三十五年（一六〇七年），监察御史黄吉士，字云蛟，内黄（今河南内黄县）人，巡按淮南，以陈氏二书与袁枢通鉴纪事本末合刻，因宋、元二书卷帙较小，略加并合，宋史纪事本末改为十卷，元史纪事本末改为四卷，而保存原书各序；通鉴纪事本末之前有焦竑与魏时应二人之序，说明以三书合刻的由来。

崇祯年间，太仓（今江苏太仓县）人张溥，字天如，就通鉴纪事本末各篇写成史论若干篇，亦取陈氏二书逐目加以论正，附于各篇之末，并于篇内正文顶上标立大事提纲，文中加以圈点、断句，重为刊版，以篇为卷，宋史纪事本末分为一百〇九卷，元史纪事本末分为二十七卷，合写一篇序文，题为宋元纪事本末叙。由于张氏的加工规模较大，明史艺文志于张氏二书别有著录，实际上叙事部分全同于陈氏之书。

陈邦瞻编写宋史纪事本末时，除有冯、沈二氏旧稿可资依据外，更多取材于薛应旂之宋元通鉴，元纪取材亦多出于此书，所以二书能各用一年左右的时间完成。其依据于冯、沈二氏旧稿者，刘、徐二氏序文叙述甚为明白。又原刻本作者题名形式如下：

明	北海	冯琦	原编
	高安	陈邦瞻	纂辑
	勾吴	徐申	校正
	豫章	刘曰梧	
	秣陵	沈朝阳	翻阅

这个题名形式也足以说明此书的编写原有沈氏父子的一部分功力在内。沈朝阳通鉴纪事本末前编题辞称："曩岁高安陈司勋氏因北海冯宗伯所编宋史纪事本末未就之书，仿袁氏例而续成之，朝阳亦出家藏手稿预参阅焉。"正为就

此事而言。至其取用宋元通鉴之文，除制定礼乐和修治河道等几篇以外，基本上都与薛氏书有密切关系，这种情形，取原书略予对照，便可以充分了解。而薛氏书原多出于续通鉴纲目，所以续纲目亦与陈氏书取材有较大的关系。

关于宋史纪事本末的编写过程和材料来源，陈氏于自序中未作详细说明，仅略言冯氏有旧作，一提沉生之名而没去其事，更无一语及于薛氏之书，并称："凡不佞所增辑几十七。"乾隆年间编写的四库全书总目提要对于此书编著工作予以较高的评价，如谓："其书虽亚于枢，其寻绎之功乃视枢为倍矣。"并推衍陈氏自序之文而写道："大抵本于琦者十之三，出于邦瞻者十之七。"又将二十八卷误写作二十六卷。后来关于本书的著录和介绍，大抵本于总目提要之说，而其粗浅谬误，却很少有人指出，甚至原书的卷数，世人也不甚了然。如邵懿辰四库简明目录标注引鸿绶说："宋史纪事本末原刻单行本，并为十卷，余家有此书。"又标注称："此书全用续纲目割凑而成，提要十分推奖，由轻视续纲目而未与之对勘也。"邵氏于本书的资料来源，有稍近于事实的看法，而未进一步与宋元通鉴对勘，所以对于提要之说虽能予以批驳，关于其取材的论断则仍不中肯。

关于宋、元二书原刻本的卷数，由于二十八卷本和六卷本传世较稀，黄吉士刻本仅在通鉴纪事本末之前标明刻书年代，而宋、元二书又保存原刻各序，当三书分散后，十卷本和四卷本宋、元二书很容易被误认为是原刻本，前引鸿绶之说即其一例。今以二十八卷本和六卷本与十卷本和四卷本对勘，前者错字较少而后者较多；又前面提到的作者题名形式，二十八卷本和六卷本列于每卷之首，十卷本和四卷本则仅见于第一卷之首；又千顷堂书目（卷四）和明史艺文志（卷九十七）著录二书亦各作二十八卷和六卷，这都是四库全书总目成书以前著录的卷数。文津阁本和文溯阁本四库全书与提要也都作二十八卷，惟总目提要作二十六卷。可知以宋史纪事本末原刻本为二十六卷，乃出于四库全书总目之误记，而后来之四库全书简明目录、书目答问、邵亭书目等均承其误，应依据事实予以订正。又提要以元史纪事本末原刻本为四卷，是据黄吉士重刻本而言，这也是不正确的。

二

明史陈邦瞻传说他"好学，敦风节"，可见他是一个很典型的官僚士大夫，而宋、元二纪事本末的观点正是有代表性地反映了晚明士人即反动的统治阶级知识分子的一般看法。

明朝传到万历中期以后，正是反动的封建统治腐朽没落，危机四伏，内外交困，行将倒台的时候。首先是农民和矿工起义的浪潮，从明代中期尤其是武宗正德年间以来，早已震撼了明王朝。其次是西北和东北边区的少数民族政权，以及东南方面的倭寇，都时常威胁着明帝国的安全。又其次是统治阶级内部的矛盾斗争，如连续发生的靖难、夺门之变，其中成祖和英宗都成功了，高煦和宸濠却失败了。又如嘉靖年间的大礼之议和以后的朋党之争等，都引起一些政治上的波澜。这些现实问题，迫使明代士人一方面从各次事件本身上总结经验，一方面从历史上寻找经验。两宋王朝统治时期，不断受到辽、夏、金和蒙古贵族的侵凌，以致国破家亡，各地人民发动的大小规模起义又特别多，在其政权内部又有金匮之盟、濮园之议和新旧党争等，正为明代统治者提供了可资借鉴的先例。而明朝的统治制度多沿用于元朝，其统治成败的经验，明代统治者更可直接衡量得失。所以宋、元二纪事本末的内容特别着重上面所举的各点。现在我们且就二书分别来看。

宋代统治者在对外方面，有主战主和两种针锋相对的意见。在对内即对付农民起义方面，有武力镇压和分化瓦解两种不同的策略。宋史纪事本末的态度，在对外方面，强调主战，反对主和，所以寇准、李纲、种师道、宗泽、岳飞、陈亮等都得到肯定，汪伯彦、黄潜善、秦桧、贾似道等受到斥责，这是符合人民利益的。对内方面的镇压和分化，是应付人民起义斗争的硬软两种手法，都是不利于人民的。宋史纪事本末对这两种手法都予重视，就有关史实作了比较概括而明确的记载。如西川王小波、李顺起义，贝州王则起义和浙中方腊起义，是北宋几次规模较大的起义，宋史纪事本末都有专篇记载。方腊起义的直接原因是花石纲之扰和宋徽宗的穷奢极欲，关于这些事实也列有专篇。在王小波、李顺起义被镇压后，着重叙述老奸巨猾的官僚张咏提出来的口号，"前日李顺胁民为贼，今日吾化贼为民"，特别予以宣扬。又在方腊起义的后面附记宋江之事，全文不到二百字，而特记侯蒙的话："不若赦之，使讨方腊以自赎。"后来果然收降了宋江。宋史纪事本末站在人民的对立面上，看到了这些话的重要性，同时也以阶级斗争的复杂性从反面教育了人民。

宋史纪事本末取材以官方记载为主，其中有许多十分明显的错误，尤其关于农民起义部分，不仅都诬称为"盗贼"，某些重要史实也常常记载失真。如李顺起义失败，最后据点成都被宋军攻破，李顺在群众掩护下逃出围城，宋军杀了一个假李顺，便去报功请赏，算是结束了一件事。几十年后真李顺在广州被发现，由于以前已经论功行赏了，统治者便说这个李顺是假的，但这个"假李顺"却被暗中杀害了。这件事在沈括梦溪笔谈（卷二十五）和陆游老学庵笔记（卷九）中都有明确的记载，宋史纪事本末只取官方虚构的说法，便以假乱真了。又如方腊起义中说："戕平民二百万。"按宋人笔记所载，这是镇压起义的刽子手童贯为了虚报战功，滥杀无辜平民的结果，反过来倒打一耙，把罪名归在起义军身上。[①]又南宋初年洞庭湖区的钟相、杨么起义，当时傀儡政权刘豫手下有个李成，曾派人想和起义军联系，被严词拒绝，并杀了派去的人。宋统治者乘机造谣诬蔑，妄说起义军和傀儡政权有勾结。[②]本书也煞有介事地写道："杨太与刘豫通，欲顺流东下。"这都是明显的诬妄之词。又如余玠守蜀篇称："追削余玠官职，夺其子晦告身。"按余晦为余玠的后任而非其子，错误非常明显，但这句话原出于宋史理宗本纪（卷四十四），宋元通鉴也采用了，于是本书也照录下来。

宋史纪事本末在立场、观点方面存在着严重的问题，取材方面的局限也很大，但在选题立目，编纂组织等方面，都比较得体。旧史书中的纪事本末体本有简明醒目之便，本书确能尽量发挥这个优点。宋代史书向称浩博，宋史尤为芜杂，本书正有助于克服这些缺点。又本书虽定名为宋史纪事本末，叙事不以宋朝为限，而为就两宋时期中国境内各族建立的政权，如辽、夏、金和初兴阶段的蒙古，以及吐蕃、广源等少数民族的活动，同样的予以论述，立场虽有偏失，所列史实都比较重要，而由此对于本期中国历史发展可有更近于全面的了解，意义尤为重大。此外关于典章制度，以及营田、治河等，书中也多有专篇叙述。又如肯定主战派的人物等，前面已经提到了。这都是本书的可取之处。

明代人对于元史的重视，不减于对宋史的态度，这一点在徐申的序文中说得很明白："然能黜元统而不能尽废元法，如钦天推步则至元间所授，科举三场则皇庆间所定，四书、易、诗之用朱注，书之用蔡注，春秋之用胡传，则延祐间所表章，文武官级则刘秉忠、许衡所建设，漕渠则张礼孙、郭守敬所疏凿，河防筑堤治埽诸法则贾鲁所经营。……故一时纤画厝注多相沿袭。"又指出明代在北京建都，即以元大都城为基础。所以元史纪事本末虽比较简略，所取内容则多为明代可资借鉴者，也就是说都有一定的史料价值，足以与宋史纪事本末相配合。其缺点也与宋史纪事本末相类似，不必再一一论述。

陈邦瞻深受程朱派理学的影响，所以二书中对理学家都作肯定的叙述，这也是一种明显的阶级偏见。

宋、元二纪事本末形式上是两部书，乃因以朝代为断限之故，内容叙事前后相衔接，实如一部书的上下编。如元朝开国部分及灭宋以前之事，甚至元之建立国号，都在宋编之内。而元纪记许衡之事（卷十六）只记其卒，注云："衡学问始末，与姚枢、窦默、赵复等出处，俱附见宋编。"这些情况最足以说明二书的实际关系。

三

宋史纪事本末的版本，作者所见到的有十余种，分列于后。元史纪事本末一般的与之合刻，附记于相应之项下。

（一）万历三十三年刘曰梧、徐申刻二十八卷本；元纪三十四年刻六卷本。

（二）四库全书二十八卷本（文津阁本）；元纪四卷本。

（三）万历三十五年黄吉士刻十卷本；元纪四卷本。

（四）明清间郁冈山房重刻十卷本；元纪四卷本。

（五）明末刻张溥评议一〇九卷本；元纪二十七卷本。

（六）清初补刻张溥评议一〇九卷本；元纪二十七卷本。

（七）康熙十八年张闻升重刻张溥评议一〇九卷本；元纪二十七卷本。

（八）嘉庆年间清内府精钞一〇九卷本；元纪二十七

卷本。

（九）日本青山堂木活字印张溥论正本。

（一〇）同治七年朝宗书室木活字印张溥论正一〇九卷本；元纪二十七卷本。

（一一）同治十三年江西书局刻张溥论正一〇九卷本；元纪二十七卷本。

（一二）光绪十三年广州广雅书局重刻江西局本，有元纪。

（一三）光绪二十四年湖南思贤书局重刻江西局本，有元纪。

（一四）光绪十四年上海书业公所铅印张溥评议一〇九卷本，元纪二十七卷本。

（一五）光绪二十五年上海慎记石印张溥论正一〇九卷与二十七卷本。

（一六）宣统二年上海捷记石印张溥论正一〇九卷与二十七卷本。

（一七）一九三六年商务印书馆国学基本丛书铅印张溥论正一〇九卷与二十七卷本。

（一八）一九五五年中华书局用国学基本丛书本纸型校订重印本。

从上列各本来看，远在明末时期，宋史、元史纪事本末二书因分卷之异，已各有三种不同的版本，即宋纪二十八卷本、十卷本和一〇九卷本，元纪六卷本、四卷本和二十七卷本。刘、徐二氏合刻的二十八卷本与六卷本，半叶十行，每行二十字，为二书的原刻本。四库全书本，文前仅有陈氏自序，另加提要一篇，无目录，文中窜改之处甚多，不足依据。十卷本与四卷本在黄吉士汇刻的通鉴纪事本末三种中，半叶十一行，每行二十二字。郁冈山房本即就其残版补刻，故版式相同，但刻工较粗，又增加沈朝阳的通鉴纪事本末前编十二卷，称为历朝通鉴纪事本末，包括前编、正编、宋编、元编四个组成部分。一〇九卷本与二十七卷本即张溥评议本，亦为通鉴、宋、元三部分合刻，但都改为以篇为卷，故卷数增多。半叶九行，每行二十字。其书版因兵乱毁于浙中，清初有人以其残版补刻行世，其侄张闻升亦重刻之。清初本仍为通鉴、宋、元三部分合刻；张闻升重刻本只有宋、元二部分，题为宋元通鉴纪事本末，书内则仍分题宋史纪事本末和元史纪事本末。张溥评议本宋纪之前首刊张氏为二书合写的叙文，次为目录、正文，每篇之后，以"张溥曰"的形式附加一篇史论。文中有圈点、断句，人名右侧加直线如现代所使用的专名号，顶上撮举文内要旨列为事纲。如宋纪第一篇太祖代周，第一条为"赵匡胤率兵御契丹，至陈桥而将士立为天子"；第三条为"王溥、范质拜赵匡胤，陶毅出禅诏于袖中，即帝位"。元纪第一篇江南群盗之平，第一条为"陈桂龙兵起，完者都、高兴击走之"。第二篇北边诸王之乱，第一条为"乃颜反，阿沙不花请说安纳牙，诸王之谋乃解"。这些事纲颇有助于记诵要点。清初本和张闻升本都是依照张溥本原式刻的，但清初本略去"张溥曰"部分的圈点，仅存断句。张闻升本在叙文与目录之间增加"凡例"六条，为他本所无。
二本于个别字句亦略有异同。嘉庆年间清内府精钞本编为
纪事本末四种，实包括通鉴前编、通鉴、宋、元和谷应泰
的明史纪事本末，共五种，而把通鉴前编并入通鉴列为一
种；通鉴和宋、元部分题名均有"明太仓张溥论正"字
样，但原书之叙文、事纲、圈点、论正等均被削去，惟分
卷同于张氏本，可知其所据者应为张氏本。朝宗书室本似
亦出于张氏本，校刊较佳，仅存其论正而无事纲、圈点等。
青山堂本出于张闻升本，有凡例、句逗和论正，错字甚多，
且仅有第一至第七十七卷，所依据者似为不全之钞本，顶
上间或附有校记，可略供参考。以上各本，或为手钞本，
或刊行较早，传世者已不多见，通常所见者以江西局本为
最通行。

　　一〇九卷本和二十七卷本以篇为卷，是一个重要优点，
张溥的史论，以宣扬反动观点为主，在封建时代颇能迎合
某些人的需要，所以三种版本，惟张溥评议本流传最广。
张氏史论清代列为禁书，故嘉庆间内府钞本削去其文，而
仍取以篇为卷的形式，甚至保存了张氏的题名，可知一〇
九卷本和二十七卷本已有"独步一时"之势。但后世刻本
多削去事纲、圈点等，而仅存其史论，一般称为张溥论正
本。同治十三年江西书局校刻五朝纪事本末，宋、元二书
即只有张氏史论，并作了一些必要的校补，但颇有误改、
臆改之处。如宋纪卷二十九载石介庆历圣德诗一篇，原文
见于宋史卷四三二石介传和宋元通鉴卷二十一，与本书同，

而东都事略卷一一三石介传所载者多异文，<u>江西</u>本据<u>东都</u>事略改刊本书，转失本书真相。又如卷七十二秦桧主和篇，<u>建炎</u>三年内叙述<u>张邵</u>使金抗节不屈，于是连类叙及<u>朱弁</u>拒仕<u>刘豫</u>守节不屈之事，<u>江西</u>本在<u>朱弁</u>事上增入"四年九月"四字。按宋元通鉴（卷六十三）<u>建炎</u>四年九月，因记<u>刘豫</u>建立伪齐而并载女真贵族迫仕<u>朱弁</u>之事，并非执定即在此时；宋史朱弁传（卷三七三）记此事在<u>绍兴</u>二年以后，具体时间当已难确定，<u>江西</u>本增入年月，反成大误。又如卷一〇六蒙古陷襄阳篇中有"闯知"之文，自宋史忠义传（卷四五〇）以下，<u>续纲目</u>（卷二十一）、宋元通鉴（卷一二三）等均作"闯"字，<u>江西</u>本改为"侦"字，其实应是"窥"字之讹。按宋史全文卷二十二及中兴两朝编年纲目卷十一均有"闯微旨"之文，<u>系年要录</u>卷一六九作"窥微旨"，宋史卷四七三秦桧传作"伺上动静"，可以为证。元纪卷二原刻本有"毋会持弓矢"之文，<u>江西</u>本改"会"字为"得"，按元史卷十四世祖纪，实为"令"字之误。从文字异同方面看，<u>江西</u>本所依据之底本应为<u>张闻升</u>本。思贤本全同于<u>江西</u>本。广雅本在八朝纪事本末中，亦据<u>江西</u>本重刊，而校勘较精，改正了一些明显的错字。清末<u>上海</u>各书肆印行者，称为历朝或七朝、九朝等纪事本末，亦出于<u>张闻升</u>本，并据<u>江西</u>本略加校正。书业公所铅印本犹保存事纲、圈点等，脱漏已所不免，后出之石印各本，脱误更为严重。国学基本丛书本以圆点断句，无事纲、圈点等，其底本似为清初本或<u>张溥</u>本，时有胜于<u>江西</u>本者，但其本身校勘欠精，转增其他谬误。解放后重印本，已据<u>江西</u>本加以校订，较旧本有所改进。今将二书流传的版本附列一表于下（括号内为<u>元纪</u>卷数）：

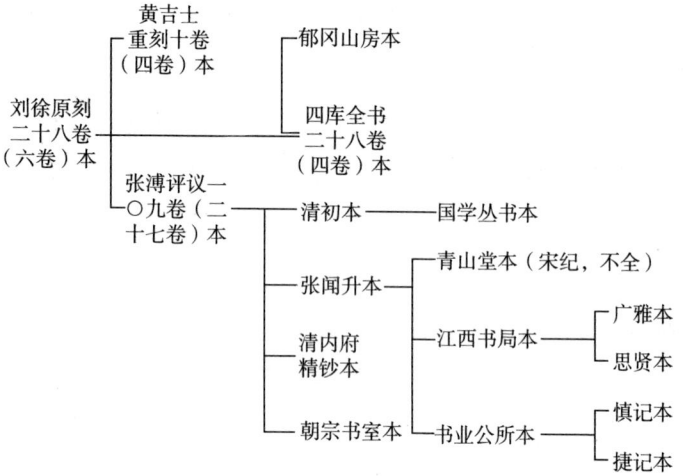

  <u>宋</u>、<u>元</u>二纪事本末的编著经过和流传情况，从<u>清</u>代以来，即未有明确系统的记载。而自<u>四库全书总目提要</u>行世后，真相反为淆乱。<u>黄吉士</u>刻本虽著录于<u>天禄琳琅书目续编</u>（卷十四），亦不为世人所知。现在概括地予以考订说明，以为了解古籍之一助。

  （原载<u>河北师范学院院刊</u>一九七八年第三期，经作者修改后收入本书）

  ① <u>曾敏行</u><u>独醒杂志</u>卷七。

  ② <u>岳珂</u><u>金陀粹编</u>卷二十六<u>鼎澧逸民叙述杨么事迹二</u>，又卷五<u>刘洪道奏李成连结杨么省札</u>等。